GEOGRAPHY
WHY IT MATTERS

Alexander B. Murphy

人文社会科学为什么重要

地理学
为什么重要

〔美〕亚历山大·B. 墨菲 著　　薛樵风 译

北京大学出版社
PEKING UNIVERSITY PRESS

著作权合同登记号 图字：01-2019-1106

图书在版编目（CIP）数据

地理学为什么重要 /（美）亚历山大·B. 墨菲著；薛樵风译. —北京：北京大学出版社，2020.10
（人文社会科学为什么重要）
ISBN 978-7-301-31498-2

Ⅰ.①地… Ⅱ.①亚…②薛… Ⅲ.①地理学 Ⅳ.①K90

中国版本图书馆 CIP 数据核字（2020）第 183486 号

Geography: Why It Matters, by Alexander B. Murphy, first published in 2018 by Polity Press
© Alexander B. Murphy 2018
This edition is published by arrangement with Polity Press Ltd., Cambridge
Simplified Chinese Edition © 2020 Peking University Press
All Rights Reserved
本书简体中文版专有翻译出版权由 Polity Press 授予北京大学出版社

书　　　名	地理学为什么重要 DILIXUE WEISHENME ZHONGYAO
著作责任者	〔美〕亚历山大·B. 墨菲（Alexander B. Murphy）著 薛樵风 译
责 任 编 辑	李学宜
标 准 书 号	ISBN 978-7-301-31498-2
出 版 发 行	北京大学出版社
地　　　址	北京市海淀区成府路 205 号　100871
网　　　址	http://www.pup.cn　新浪微博 @ 北京大学出版社
电 子 邮 箱	编辑部 wsz@pup.cn　总编室 zpup@pup.cn
电　　　话	邮购部 010-62752015　发行部 010-62750672 编辑部 010-62752025
印 刷 者	北京中科印刷有限公司
经 销 者	新华书店
	890 毫米×1240 毫米　32 开本　6.75 印张　88 千字 2020 年 10 月第 1 版　2025 年 5 月第 5 次印刷
定　　　价	48.00 元（精装）

未经许可，不得以任何方式复制或抄袭本书之部分或全部内容。
版权所有，侵权必究
举报电话：010-62752024　电子邮箱：fd@pup.cn
图书如有印装质量问题，请与出版部联系，电话：010-62756370

献给

R. Taggart Murphy

我的兄长,浮生之凭倚,世间之挚友

一直勉励我深入思索

我们周围的世界

致谢

本书论述的观点,源于我主持的一项美国国家研究委员会科研项目,意在展望地理科学发展的战略方向。我感谢参与该项目的各位同人,他们为项目报告及这本小书提供了诸多思考与见解。几年之前,洛克菲勒基金会 Bellagio 中心提供的在站研究资助使我有机会进一步思考地理学的意义,2017 年夏季的回聘,又使我得暇撰写本书初稿。两次经历,我皆受益于 Bellagio 诸位同事的启迪与洞见。坦言之,洛克菲勒基金会的支持,对项目的顺利完成至关重要。

还需感谢俄勒冈大学及校外的众多地理学同人与学

子，感谢他们与我分享种种奇思妙想和诚挚建议。尤需感谢 Patrick Bartlein、Eve Vogel、Mark Fonstad、Jerilynn "M" Jackson、Daniel Gavin、Leslie McLees、Anna Moore、Craig Colton、Diana Liverman、Carlos Nobre 和 David Kaplan。本书撰写完成之际，Dean Olson 担任我的研究助理；他在科研与制图上的付出与帮助对我而言弥足珍贵。感谢家妹 Caroline Murphy、家兄 Taggart Murphy 对本书部分内容提供的真知灼见，谨以本书献给家兄。

书稿受益于两位匿名审稿人的评论，以及编辑 Pascal Porcheron 的合宜意见。最后，这些年来，以及在本书写作过程中，Susan Gary 一直陪伴着我。我对她的愧歉之情竟无以言表。

目 录 CONTENTS

中译版序	/001
第一章 地理学的性质与视角	地理学思维的魅力与力量 / 010 地理学的历史渊源 / 018 地理学思想 / 025 学习地理学 / 029
第二章 空　间	空间格局 / 040 空间异质 / 044 跨空间与尺度关联 / 050 质疑空间的预设 / 057 结论 / 063
第三章 地　方	地方是综合性思维的载体 / 075 激发好奇心，探索地球多样性 / 081 对地方的依恋 / 087 对地方刻板印象的质疑 / 093 结论 / 098

**第四章
自然与社会**
- 分布与格局研究 / 108
- 地方如何影响人类与环境的互动 / 114
- 跨空间与尺度关联 / 120
- 结论 / 129

**第五章
为什么我们都
需要地理学**
- 促进认识更广泛的世界 / 135
- 丰富人们的生活 / 141
- 推进公民社会和行政决策 / 145
- 促进地理空间技术的理解与应用 / 149
- 结论 / 156

尾声 /159

推荐书目 / 166

索引 / 176

图片来源 / 198

中译版序

北京大学出版社编辑李学宜女士邀请我为《地理学为什么重要》的中译版写序,一则因为我在中国大学教授了30多年地理学,应该对此话题有自己的见解,当我分享自己的想法时,可能会在中国读者中产生共鸣;二则因为我认识本书作者墨菲教授,我可能会从书中读出作者在字里行间隐含的意思。无论是出于哪个原因,写序的任务对我而言都极具挑战性。

与其说这本书面向的是地理学的初学者,不如说更是面向非地理学的读者。地理学为何重要?著名科学家竺可桢先生的答案是:一个国家的任何事情都与地理有关。

那么墨菲教授用此书回答这个问题。在本书开篇,墨菲教授从非洲乍得湖以及周边地区(Lake Chad Basin)切入,用该地区的例子说明,如果要解释近半个世纪地区动荡原因,一定要有地理学者的参与。从2016年开始,联合国人道主义事务协调办公室就向全世界发出呼吁,提请人们关注乍得湖区多年持续的人道主义危机。乍得湖区不仅涉及乍得,还涉及喀麦隆、尼日利亚和尼日尔。因为乍得湖区人道主义危机始终得不到解决,而后的每一年,联合国都多次发出呼吁。正是在这样的国际背景下,墨菲教授选择了这个案例作为引子。由于本书是一部地理学科普读物,因此我根据墨菲教授引子里提供的素材,虚构了一个小故事,以更好地说明地理学的重要性。

故事的主人公是一个牧民,家在乍得湖区北部一个小部族内。尽管他的国家政权不断更迭,但是他与家人从不关心。他们的生活一成不变,他们甚至不知道这个国家竟有200多个部族。然而,从某一年开始,这种平静的生活被打乱了。他们南边的农民开始将耕地扩展到牧场，牧场的缩小使他家的生计难以为继。祸不单行，一批荷枪实弹的暴乱分子闯来，并强迫这个可怜的牧民加入暴乱队伍。他不想加入，只得带着一大家子人背井离乡。在逃难的路上，他们看到尸横遍野，许多人是被暴徒所杀。路上，他们还遇到许多语言不通的逃难者，其中一些来自乍得湖畔，那些人世代以打鱼为生，而今乍得湖面大大缩小，且无鱼可打。最后他们一起来到一个庞大的国际难民营，这里已是人满为患，饮水和粮食极端匮乏，缺医少药。日复一日，他们看不到返回家园的希望。

在难民营里有来自各国的救援人员和学者们。他们在一起热烈地讨论乍得湖区动荡的症结，以寻求长期解决这里人道主义危机的方案以及预防措施。从这些学者的发言，可以听出他们的学科背景或学科视角。

甲：历史资料表明，这个地区历史上动荡的时期比安宁的时期更长。

乙：本地区动荡的原因是政府与反政府武装的冲突，以及原来宗主国等外部势力的渗透。

丙：政府和反政府势力冲突的根本原因来自社会经济发展的区域不平衡，以及政府的腐败。

丁：工业大国温室气体的排放，引发全球气候变化，在乍得湖区的表现就是旱灾多发，湖面因此减小。

戊：导致社会动荡的原因来自人地关系的失衡，例如灌溉技术让农田面积拓展，同时导致土壤盐渍化。当地农业不可持续，社会必然动荡。

己：我可以分析出土壤盐渍化程度的空间分布。

庚：农田挤占了牧场，逼迫牧区草场提升载畜量，继而带来草场退化。当地人基本生计活动不可持续，社会必然动荡。

透过这些学者的发言，我们似乎看到了地理学者的身影，但好像又不能确定。按照墨菲教授对地理学的定义，如果有一位地理学者来发言，他会分析不同的人对乍得湖区的关心程度,这里既有当地百姓,也有博科圣地组织的士兵;既有原来宗主国的政客、向乍得湖区投资的商人,也有向世界红十字会捐款的各界人士,甚至是大量排放温室气体的企业主们。人们对乍得湖区的关爱程度,决定了自己的行为(behavior)和行动(action)。因为,地理学认识世界的视角是,发现地球上每一个地方自然和人文的独特本质,并将地球作为人类的家园。现实世界许多问题的根源就在于,人们没有认清每个地方的独特本质和形成机制,以及各个地方之间的关联,人们只关注自己的小家园,而没有考虑人类的大家园。如果这样的视角与其他学科不重复,那么地理学就有不可或缺的地位了。

每个人的家园意识与其地理知识密切联系。地理学分析地理知识的基本概念是"空间"和"地方"。"空间"是对事物地理位置的描述或刻画方法,地图是最基本的方法。以乍得湖区为例,人们可以用所在经纬度、大洲、气候带、地形区、水文区、土壤区、植被区、经济发展类型区、语言区、宗教区、民族区等来确定其位置，这种位置参照系被地理学者称为空间格局。本书介绍了许多著名地理学者，他们的主要学术贡献就是对空间刻画方法的创新。目前最新的方法是基于多元数据，利用地理信息系统进行复杂的空间分析。当然，通过各种途径获取多元数据资料也是地理学者的基本素养。"地方"是人们赋予某个空间的情感或价值判断。这种判断可能正确，可能错误，是非判断也可能因人而异，甚至对立。以乍得湖区为例，正是因为河流上游的人们只看到水资源对发展农业（植物）的价值，而没有看到水与土壤的关系，没有想到水域下游湖泊生态、渔业发展的价值，所以导致人地关系不可持续。有的错误来自认识的局限，还有的错误来自人心之恶。因此地理学的任务是推动进步的地方感，一方面加深人们对复杂世界空间关联的认识，另一方面探索何种地方情感或空间价值判断能更好地体现人之美善。本书介绍了不同的地理学派，它们通过不同的研究路径实现地理学的这个任务。

这本书也可以看作是"地理故事集",令人难以释卷。鲜活的案例发生在世界各地,它们可以分为三类。第一类是成功运用地理学的案例,如1850年代英国医生在地图上标注霍乱传染人群的地址,发现他们共用的水井是祸源。第二类是缺乏地理学思维而判断错误的案例,如西方媒体错误地认为,苏联上世纪出兵阿富汗旨在寻找暖洋出海口。第三类是选择性地使用某种地理表达,以展现主体的空间偏好,如冷战时期,美国大量发行用极点投影地图,以引起国民对苏联的关注,进而强调它对美国构成的潜在威胁。这三类例证均证明——地理学很重要。

最后,我要介绍本书的作者——墨菲教授。他是美国俄勒冈大学地理系教授。1987年,他获得芝加哥大学地理学博士之后,在俄勒冈大学地理系任教至今。在他获得地理学博士之前,先后获得了美国耶鲁大学的考古学学士、德国萨尔兰德大学的地理学硕士、美国哥伦比亚大学的法学博士。这样丰富的学习经历，使他拥有宽阔的视野。我认识墨菲教授十余年，第一次见面也是偶然，中科院的刘卫东教授打电话寻问我，是否可以带美国来的墨菲教授参观北京，我很乐意，便带墨菲教授参观了胡同和艺术区。那次见面时，我与他聊起我与人文主义地理学创始人段义孚先生的交往。墨菲教授不经意地道出一条信息，这是人们在他的简历表中看不到的，那就是他父亲曾与段义孚在新墨西哥大学地理系共事，段义孚是在1959年到1965年在那里任教。有一次段义孚到他家做客，送给他妹妹一个玩具娃娃，他妹妹给娃娃起名"Tuanna"，来自段义孚的姓（Tuan）。也许正是受父亲的影响，墨菲教授最终选择在大学地理系任教。

墨菲教授对地理教学付出了极大热忱。美国有一本非常流行的地理学本科教材《人文地理学》(*Human Geography: People, Place, and Culture*)，该书由 John Wiley & Sons 出版，目前已经发行到第 12 版。墨菲教授从第 6 版

(1998年)起就作为该教材的联合主编。由于长期专注地理教学，美国地理教育国家委员会（National Council for Geographic Education）于2001年授予他"优秀教学奖"（Distinguished Teaching Award）。《地理学为什么重要》是墨菲教授专注地理学教育的另一个例证，读者能从本书的字里行间体会到一位地理学教授的用心。

墨菲教授是美国地理学界非常活跃的学者，曾任美国地理学家联合会（AAG）的主席。我参加AAG年会近20年，2019年AAG的年会是在美国首都华盛顿召开，我到墨菲教授主持的分会场见他，他将2018年刚出版的《地理学为什么重要》（英文版）送给我。我翻到书的扉页，准备请他签名，赫然看到墨菲教授已经给我写好了赠书语，那一刻我被他的真诚感动了。北京大学出版社独具慧眼，于2019年就将此书列入翻译出版计划。我与本书译者薛樵风先生从未谋面，只是拜读过他的文章。作为地理学学者，他对书中的专业术语翻译到位，我在此向他致敬！同时也感谢北京大学出版社,再次向社会奉献了一本唤起人们新思考的译作。

周尚意

2020 年 8 月 25 日

第一章

地理学的性质与视角

* * *

　　试想你穿越时空，来到20世纪60年代的非洲乍得湖畔。你发觉自己徜徉在一汪非洲大湖的岸边，湖面浩渺，横亘于乍得、喀麦隆、尼日利亚、尼日尔这四个新独立国家的边界。一个以湖泊为中心的富饶生态系统映入眼帘，它为沿岸数百万居民供给生活用水与食物。居民多仰赖湖泊的富饶水产为生，但其间亦有农业、牧业社区。各个不同的民族文化群体间，时有关系紧张的传闻，但尚未到剑拔弩张的程度。若对湖滨的自然环境做一番探索，便会发现一些地方林木茂盛，一些地方则植被稀疏，这是由漫长的冬季干旱期造成的。不难觉察，当地生态是脆弱的，但好在共管乍得湖流域的四国已签署相关协议，制定了流域发展的合作管理计划，这使人心生慰藉。

倘若今日造访此地，情形则大为不同。较之20世纪60年代，湖面已萎缩九成（见彩图1），湖中鱼类数量更不及昔日之九牛一毛。人口膨胀至当年的两倍，但荒弃的村落与新置的临时定居点却相互杂陈。穿行其间，竟极少有人以捕鱼为业，大多数人如今以农耕谋生，农田侵蚀着牧场，这是土地利用冲突的显著迹象。割据盆地的国家之间，甚至国家与地方民众之间，紧张关系已昭然若揭。这里还能嗅到博科圣地（Boko Haram）的影响，该伊斯兰激进暴乱组织孳生于21世纪初的北尼日利亚，他们四处煽动暴动，旨在建立一个基于严格（很多人说是腐败）伊斯兰教法原则的国家。博科圣地侵入乍得湖区，当地独裁政府（多受西方支持）则以武力相应，致使200多万人流离失所，数千人因冲突和绑架而丧生；一场食品危机又使当地20%的人口面临严重营养不良。

如何理解乍得湖盆地的境遇，又何以解释外界对它的冷眼漠视？2017年年底，《纽约客》杂志称，乍得湖区是世界上最复杂、最令人惶恐的人道主义灾难策源地，[1]但除周边地区和少数国际援助组织之外，这里的处境几乎无人知晓。情况千头万绪。乍得湖规模的长时段波动概由自然力驱使，但它在20世纪后半叶的迅速萎缩，则与随人口增长而扩张的灌溉农业，以及出口作物导向的大规模农业商品化转型有关。同时，全球化石燃料燃烧引起的气候变化，与源于欧洲的空气污染破坏性地结合，扰乱了大气循环模式，加剧恶化了旱情。数十年的穷于治理与经济边缘化，使许多居民难以应对不断变化的状况，遂助长了博科圣地运动的气焰；该运动本身正是在世纪初西亚、北非更广泛的激进主义转向中逐渐发展壮大的。以上种种，都展现于一个更广阔的世界

---

1 主要参见 Ben Taub, "Lake Chad: The World's Most Complex Humanitarian Disaster," *New Yorker*, December 4, 2017。获取自：https://www.newyorker.com/magazine/2017/12/04/lake-chadthe-worlds-most-complex-humanitarian-disaster

背景之中。当今世上,那些生活在相对优渥地区的人们对于萨赫勒(Sahel),这个介于非洲撒哈拉沙漠与南部湿润地区之间的干旱半干旱过渡地带恐怕大都知之甚少。

欲阐明乍得湖区的复杂态势,并无方便法门可求,但如不做若干基本的地理学思考,则更遑论其余了:

位置和地方特征的重要性。上述演变历程,是自然与人文环境在地表某一特定地点独特结合的产物。这星球上恐怕再无其他地方使人面临如此这般由人文与自然混合驱动的环境挑战:数十年来的降水减少;政权边界与相关权力变动对传统的人员/商品流通网的割裂;暴乱与军国主义对策的恐怖结合;以及由地方民族分裂、殖民地包袱和垂涎于经济政治利益的外国政商的横加干涉所共同引发的严重社会经济动荡。要言之,地理环境的特征,对认识事情之原委、评价见解之高下,都是至关重要的。

人文与自然过程相互交织。乍得湖区面临的既非天灾,亦非人祸;它面临的是人文与自然环境的双重挑战。这挑战以各种方式呈现出来。仅举一例:20世纪70—80年代乍得湖萎缩背后的人力和自然力,为采采蝇种群的膨胀创造了良机,这导致牛群疾疫丛生;湖区以养牛为生的岛民因而被迫离岛迁徙,最终又破坏了迁居地的生态与民族平衡。如果只看到人文或自然因素的一面,就不能知其然亦知其所以然。

空间变化的启示。我们需要记录、分析乍得湖区自然与人文景观的变化特征,评估事态进程,以制定解决危机的应对措施。利用遥感与地面数据采集技术,测绘并分析湖泊表面、周围植被与聚落格局之变化,可增进我们对改变湖泊特性、扰乱民生的人力与自然力的辩证认识。在乍得湖区,一些地方的营养不良问题比其他地方更为严重;通过观察各地问题严重程度的差异,亦即其跨空间变化,有助于我们认识遭受问题影响的人群、原因、地点与方式。

跳出地方。乍得湖流域的危机，并非单纯是本地变迁的结果。囿于浅见，只看到流域内人口增长、族群冲突或资源管理实践的危机，会忽视区域外事态进程通过各种途径对本地产生的深刻影响。干旱背后的人文与自然力量，概由全球尺度的过程驱动。殖民秩序催生的政治格局，将乍得湖流域分割为相互竞争的个体，引发并固化域内敌对情绪。消费导向驱动的水源密集型商品农业的扩张，主要由源自欧洲的经济格局推动。博科圣地运动，受到西南亚局势发展的刺激，并在这片长期被外界势力边缘化的土地上找到了蔓延的温床。为实现地缘政治企图，法、美诸国为虎作伥，帮助巩固这些国家腐败当局的权力；他们对博科圣地的应对方式则带来生灵涂炭，并危害当地经济稳定。

经不起推敲的地理预设塑造着我们的认识、抉择与行动。外界对乍得湖危机的视若罔闻，反映出北美、欧洲和东亚边缘化撒哈拉以南非洲的倾向。很难想象，若同样严重的危机发生在南欧，也会受到如此微薄的关注。尤为荒诞的是，即便如我这般讲述着这场危机，却反而可能加剧非洲以外国家普遍存在的、令人不安的倾向，即将非洲大陆视为哀鸿遍野的灾区，忽视其丰饶的多样性，而视之为无望之地。世人对乍得湖事态的漠然处之，揭示了地理想象的力量，它塑造了世人的关注点、各地的资源分配，以及对事态发展的解读。

乍得湖的案例固然极端，但对各地发展中面临的各类问题而言，仍有普遍的参考意义。它还是一个显例，证明了将地理观点纳入问题思考的重要性。地理学是一门学科，也是探索并激发批判性思维的学问，它关心世界如何组织、存在于地表或人们头脑中的环境与格局、人地关系，以及地方与区域的性质。概言之，地理学为我们打开了一个非常重要的窗口，通往这颗作为人类家园的星球，通向她的缤纷多彩与本质特征。

地理学思维的魅力与力量

自从早期人类在泥土上画出原始地图以来,对地理思维的求索一直帮助人们理解周围的世界。对地表组织和特征的系统评价,使早期学者能够发现世界是圆的;还为聚落选址、作物种植和资源勘探提供有用的见解;促进了对自然环境的认识;并且,就字面意义上来说,帮助人类找到了自己的道路。地理学思维的日益进步,使人们得以探索地球上最偏远的角落,推进了对人类与生物物理世界间相互关系的认识。与许多知识体系一样,地理学的作用有时也会从积极滑向消极:贪婪的殖民主义拥趸利用地理学知识,盘剥百姓,掠取自然。不过,若缺乏地理学的见识,我们亦将无法理解世界组织的方式,以及我们在其中的位置。

对地理思维的求索源于人类对别处的好奇心。随着地表的基本性质越来越为人所知,人们的注意力就转移到地理格局所暗含的信息上，例如：大陆构造与地貌空间分布揭示了怎样的板块构造运动；政区边界的设置如何影响资源的获取；城市结构如何塑造人类活动模式；以及诊所、杂货店的位置对不同社区的利弊影响。

地理分布是常变的——城市扩张、迁居新址、河流改道、社区邻里变迁带来的复杂经济变化——因此，对地理学思维的探索也从未停止。事实上，由于地表正在上演的地理变化的速度与程度愈发剧烈，这种探索的重要性也与日俱增。海平面上升；大量物种面临灭绝；城市规模与人口激增；远距离交互方式的重构；人们以亘古未有的速度在地表穿梭；史无前例的人口涌入环境脆弱的地方；地区间的不平等以骇人的速度升级。美国国家研究委员会最近的一项研究，提请人们注意这些变化对地理环境造成的影响：

斯坦福大学生态学家哈尔·莫尼（Hal Mooney）

认为，我们正生活在一个"地理学家的时代"：地理学，这门长期关注地表空间组织与物质特性变化，关注人地关系的常规学科，正愈发成为科学与社会的中心。[2]

人们认识到，在描述、划分和分析各种现象时，地图和其他种类的地理信息的使用正日益普及，地理学在当代的极端重要性也日渐清晰。地理信息系统（GIS），现已成为从应急指挥到路径追踪等万事万物的基本工具。全球定位系统（GPS）和电子地图，已成为世界上富裕地区大多数居民日常生活的一部分。伴随并推动这些趋势的，是许多政府和社会机构在信息管理方式上的巨大变革。直到不久以前，世界上大多数的信息仍是按照主题，分门别类地

---

2 National Research Council, *Understanding the Changing Planet: Strategic Directions for the Geographic Sciences* (Washington, D.C.: National Academies Press, 2010), p. ix.

组织的；而现在的主要趋势，则是通过位置或地理空间坐标（精确的经纬度数据）来组织信息。

在这样的背景下，学生们对地理学的兴趣愈发浓厚，就业机会也不断增加，许多科研人员和学者都在不断接受地理学的方法和工具，这并不奇怪。试举几例：生态学家和生物学家利用地理学的技术制图，以分析物种分布；社会学家愈发热衷于将不同地方间的差异作为其研究社会过程的基础；新兴的法学和地理学的跨学科研究正迅速发展；地理考古学、地理语言学等交叉学科也愈发引人关注；人文学者则将注意力转向人们的地方感，关注地方感对人类思考自我与他人关系方式的重要意义。

尽管有上述进展，但加强地理学思维的愿景也是为了避免公众对这一学科产生过大的误解。许多人把地理学等同于对地点或实际位置的简单记忆——某地在哪里，有什么明显特征。了解这些事情确有一定价值，能使人们掌握地表的基本特征,并将自己同别处、别人联系起来。然而,若地理学的主要问题仅在于知晓某些地理事实,那它将是多么的肤浅——尤其是在这个时代,位置和地理事实的问题仅需 30 秒就能在互联网上得到解答。

当然,地理学绝非如此。现代地理学的核心,是研究地球表面的格局与特征,研究地表现象的空间组织、塑造其特征的人地交互系统,以及地球表面地方与区域构成的性质与意义。[3] 图 1 提供了一个认识地理学基本旨趣的实用窗口。它阐明了地理学对环境、社会和人类-环境耦合系统(立方体的垂直边)的关注;它强调通过对地点、格局和尺度的研究来认识这些系统的各个方面

---

3 如同大多数研究领域一样,不存在某个简洁、公认的地理学定义。人们尝试提出各种简洁的地理学定义,譬如"地球表面空间和位置的研究""在哪里—为什么""人类和生物过程的空间差异研究"等,它们都是瑕瑜互见的。

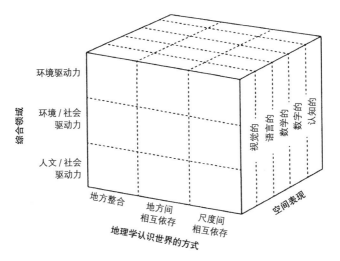

图 1 地理学核心问题、观点和方法示意图

(立方体底边之一);它热衷于使用多种多样的空间表示法以便加深认识(立方体底边之二)。

地理学的视角和工具,揭示了事情发生的地点、为何在此地发生,以及地理环境如何影响自然与人文过程。作为此工作的一个环节,地理学家潜心研究地表的空间组织，反复思索对位置、格局和分布（譬如干旱格局、疾病集聚、族群分布等）的研究究竟可以揭示什么。他们思索不同的过程如何结合起来，创造出独特的空间、地方和区域，创造出一个没有任何两处地方完全相同的世界。他们研究这些独特的空间、地方和区域如何产生出特殊的地理背景——自然的与社会的、物质的与想象的——反映并塑造地球表面的发展变迁。以上着重叙述的各领域之间，多有交叉重叠之处，但无论切入点是什么，地理学始终关注的是空间差异的本质与意义，它有时也被表述为"在哪里—为什么"（why of where）；[4] 关注的是具体地方的事态对环境、社会与人地关系的影响；以及发生地对事件本身的影响。

---

4 "在哪里—为什么"这个表述的起源有些难以确定，它可能是1958—2017年间任职于芝加哥大学的地理学教授马文·米凯塞尔（Marvin Mikesell）创造的。

鉴于这种智识取向，地理学研究范围的包罗万象也就不足为奇了：从冰川移动到移民模式，从森林害虫扩散到民族与政治格局的关系，从人的地方感到催生都市壁垒的驱动力（譬如，社会与阶级偏见、贷款机构与地产商的所作所为、绅士化压力）。由此可见，我们最好将地理学理解为由一系列共同观点结合而成的学科，而不是有某个特定研究主题的学科，与其他学科相比，这种取向使地理学与历史学展现出更多相似之处。历史学家的工作同样无所不包，从古代波斯帝国的扩张，到20世纪中期德国的"客籍劳工"计划。将历史学家们联系在一起的不是某个主题，而是一种对理解人类历史演变及其当代影响的兴趣。对地理学而言，即是对构成我们星球的格局、环境与地方的兴趣——它们是什么样的，我们如何认识它们，以及它们如何影响人与自然。

地理学的历史渊源

想要了解地理学的特点,需要知晓学科的相关思想与观点是如何逐渐发展起来的。一切人类社会,都曾试图以我们现在常说的"地理学"的方式探索周围环境,但是"地理学"(geography)这个术语本身,以及它在当今世界大多数地区的惯常实践,是一个常规的知识分支的产物,其起源可追溯至古希腊语(geo 即古希腊语"大地";graphy 即古希腊语动词"书写")。当 2000 年前的希腊探险家踏出乡关,沿着爱琴海和爱奥尼亚海旅行,进而前往更遥远的地方时,他们遇到了前所未见的壮阔河流,闻所未闻的草木植被,以及语言与自己大相径庭的人群。他们制作地图,以表示这些涉足之地,并记下沿途所见所闻的事物。不过,他们不仅对登记地表事物感兴趣,而且还道出了地理学的问题。为什么某些植物出现在甲地而不是乙地?为什么有些河流年年泛滥,有些却不是？各地风俗为何不同？哪些选址具有发展城市的战略优势？解决这些疑问，使古希腊人得以对生物与文化特征扩散、降水与河流特征的关系、作为行星的地球性质，以及不同聚落点选址的优劣等问题，有了一番基本的了解。

地理学的知识并不总服务于善良的意愿，它还为帝国的征服与扩张提供方便之门。但是很明显，对于希腊人来说，地理学不仅仅是罗列出的地方事实；地理学更是一门学问，通过对感知到的人文与自然格局、地方与环境背景进行细致分类和分析，帮助人们理解自己在世界上的位置。这种对地理学的理解历久弥新。古罗马人利用希腊人的思想，组织并治理他们不断扩张的帝国。罗马衰亡后，波斯和阿拉伯地理学家继承了西方地理学的衣钵，改进了经纬度的算法，增进了对当时已知世界的结构与特征的了解。对地理学的常规研究，在中世纪晚期和早期现代重回欧洲的核心地带，促进了启蒙运动的兴起。

西方地理学的发展与世界其他地区地理认识精细化趋势的出现是同步的,最明显的是在中国。然而,欧洲的殖民进程确保了西方传统成为最具影响力的传统。可以肯定的是,地理学的实践往往被机械性的因素所束缚;大多数以调查为基础的领域皆是如此。罗马人以对新辟土地的精测与地图集的绘制而闻名,中世纪伊斯兰地理学家长于复杂地图的制作和对新发现地区的描述,15—17世纪欧洲地理学家对地方特征的叙述则出于殖民野心的唆使。确实,现实地理知识对殖民帝国的建立与维护的重要性不可否认。

然而,千百年来,总有人不甘于地理信息的简单采集;他们提出具有真知灼见的地理问题,并运用地理信息帮助理解周围的世界。罗马最著名的地理学家克罗狄斯·托勒密(Claudius Ptolemy,100—170)就绝非简单地蒐集地理事实;他提出了对气候模式的性质与影响的看法,并改进了沿用至今的网格制图法。11世纪波斯学者艾布·莱哈尼·比鲁尼(Abu Rayhan Al-Biruni)提出了地表不同自然区域人类承载力潜力的崭新观点。通过对大西洋两岸海岸线形态的研究,16世纪佛兰德地理学家亚伯拉罕·奥特利乌斯(Abraham Ortelius)认为大陆可能会逐渐漂流分离,这就是直到20世纪后半叶才被广泛接受的"大陆漂移"学说。

鉴于上述历程,随着现代西方教育体系的兴起,地理学毫不意外地成为中小学课程的核心组成部分,也在大学里得到了一席之地,按照学科的要求进行自我重组。这些进程催生出学院派地理学家,他们开始系统地研究自然环境运转、人地相互关系、人类分布变化、聚落组织、经济活动空间分配及格局分异等问题。

地理学在现代大学中的地位,主要应归功于18—19世纪三位德国人的影响与威望。第一位是亚历山大·冯·洪堡(Alexander von Humboldt,1769—1859),他对拉丁美洲植物群落的地理特征进行了详细的分析,首次真正揭示出自然环境对植被的影响，进而催生了生物地理学的研究领域。第二位是卡尔·李特尔（Carl Ritter，1779—1859），他撰写了一部19卷的专著，讨论自然环境对世界不同地区人类活动的影响，并研究了包括国家在内的各种人类实践与制度的地理组织。第三位是伊曼努尔·康德（Immanuel Kant，1724—1804），他倡导地理教育是人类进步的基础，并将地理学视为整合世界知识的载体。康德把地理学看作一门关注数学、道德、政治、商业和神学领域的"空间差异"的学科[5]。

康德对现代大学产生了巨大的影响。他关于知识本质和人类感知的观点，为19世纪德国大学学科群的涌现奠定了思想基础。这些大学又转而对其他地方（特别是美国）的高等教育机构产生巨大影响。在《纯粹理性批判》（*Critique of Pure Reason*，1871）和其他著作中，康德研

---

[5] Stuart Elden, "Reassessing Kant's Geography," *Journal of Historical Geography*, 35:1 (2009): 3–25, quote p. 14.

究了人类获取认识的三个来源：由直观特性（即相异的"形式"或主题）而相互联系的表象，时间，以及空间。[6] 19世纪，德国大学新成立的一系列主题明晰的学科即反映了这种思维方式，例如植物学与政治学（形式）、历史学（时间）、地理学（空间）。尽管后来的批评家认为，时间与空间的分离在知识上是不成立的，但康德其实并不主张地理学科只关注空间问题；他认为时间与空间相辅相成，这意味着地理学与历史学应被视为是同一枚硬币的两面。

20世纪初，地理学在德、法、英、俄、美等众多西方国家的高等教育机构中占据一席之地。20世纪下半叶，体现西方地理学传统的地理系在世界各地的高等院校中如雨后春笋般涌现，地理学被普遍视为一门核心学科；

---

6 R. D. Dikshit, *Geographical Thought: A Contextual History of Ideas* (Delhi: Prentice-Hall of India, 1997), pp. 3–4.

然而，它在美国教育机构中的地位，却是一波三折。在美国中小学，地理教学被逐渐缩减，纳入更具概括性的"社会研究"课程，而地理学本身也沉溺于一般性描述，陷入了瓶颈阶段。一些著名的美国大学撤销了地理学科，其中，尤为著名的是20世纪40年代末的哈佛大学；但是许多文科学院，以及一些公立大学仍把地理视为课程设置中不可或缺的一部分。这种情况反而导致了另一种对地理学的错误认识，即认为地理学是一门古旧的学科；当时由男性占主导的学科特征又进一步固化了这种看法。

这种看法正愈发受到挑战，重新发现地理学的号召也层出不穷，[7]但打破旧思维模式的努力仍任重道远。即使是在欧洲，西方地理学的故乡，优势学科的变换与

---

7 National Research Council, *Rediscovering Geography: New Relevance for Science and Society* (Washington, DC: National Academies Press, 1997).

新型跨学科研究的涌现也撼动了地理学的传统地位与身份。此外，一种流行的俗见坚持将地理学与地名的记忆划上等号。不过，那些在重视地理课程的学校中就读的学生们，恐怕对上述观点难以苟同：是地理学，让他们认识影响全球各地命运的相互联系；增进对环境过程和人地关系的理解；洞察这些过程间的地域差异；提供应用地理空间技术的技能，并预见这些技术的长处与局限。

地理学思想

地理学是一个令人沉醉而立意宏大的研究领域，因为它有着以地理视角透视世事的洞察力。以1979—1980年苏联入侵阿富汗事件为例，这次入侵令多家媒体的评论员大为震惊，他们竞相解读事件的原因。正如我以前的一位同事喜欢讲的那样,[8]事件发生后不久,媒体和政治舆论开始聚焦苏联行动的两个可能动机:(1)这次入侵是俄国人为在印度洋建立一座其垂涎已久的温水港所迈出的第一步(由于阿富汗是内陆国家,隐含的计划是,入侵该国之后,再经由人烟稀少的巴基斯坦西南部向印度洋转进);(2)入侵符合俄国领土扩张的长期国策,因此这次事件应被看作是苏联将阿富汗纳入加盟共和国,进而实施兼并的一个环节。两种解读当时都在媒体上广为报道,并受到政界的密切关注。

对漫不经心的新闻观众来说,这些解读或许很吸引眼球。但即便只用基础的地理学思考一下,它们的缺陷就暴露无遗了。草草看一眼巴基斯坦的地图,就会发现它的西南海岸没有重要港口,原因是那里的大陆架太浅,大型船舶难以靠岸,显然,不值得为此发动重大国

---

[8] 这位同事是罗纳德·威克斯曼(Ronald Wixman),1975—2006年在俄勒冈大学教地理。

际冲突。至于将阿富汗作为加盟共和国纳入苏联领土，我们看一看民族分布图，再简单了解一下苏联不断增长的穆斯林人口带来的不安定因素，就会意识到，此举将导致1800万穆斯林加入苏联，这是苏联当局最不希望看到的事情之一。正如后来的事件表明的那样，苏联真正想做的（当然，没有成功），是通过对阿富汗的控制来稳定其南翼，就像他们控制东欧的大部分地区一样。

这个例子表明，地理学思想和对一些基本地理事实的认识，可以提供启发性的见解。与其拘泥于制度、大人物和意识形态，不如从地理的角度来看待一个问题，把注意力集中在空间格局背景、环境状况与区位特征所起的作用上。

地理学的思考，还引出了人们用以描述事件、进程的地理概念，及其本质与合理性的问题。如果缺少地理范围的界定，我们几乎无法谈论任何在地球上发生的事情。例如，关于"中东"或"欧洲"环境问题的讨论，如此巨大的地理尺度，会使讨论议题的地域范围变得模糊不清。基于人均国民生产总值（GNP）的国家排名，要求以世界政区图上显示的国家为单位，统计基础经济信息，而不是以或许更具可比性的其他类型的空间为单位（试想，将俄罗斯与卢森堡视为可比单位，意味着什么）。有一篇杂志文章将康沃尔郡（Cornwall）与埃塞克斯郡（Essex）[9]的医疗机构图进行对比，意在鼓励人们在特定的空间尺度上思考差异性；英国各郡规模悬殊，采用不同的分析尺度，讲出的故事也不尽相同。一份报纸刊出过一幅美国国家林区（US National Forests）的滥砍滥伐地图，竟使人们的注意力也局限在林区的边界以内，忽略了滥砍滥伐对林区边界以外生态环境产生的恶劣影响。如果一个问题的形成，有着特定的地理空间或

---

9 康沃尔郡是英格兰西南端的一个郡，位于大不列颠岛最西南端的半岛上，面积3563平方千米，人口53万（2014年）。埃塞克斯郡位于英国东南部，面积3670平方千米，人口139万（2011年）。——译注

尺度背景,那么,一旦缺乏地理学的思考,便很容易忽视其表象下隐藏的东西。换言之,学习地理学是一种开阔视野的体验。

学习地理学

地理学专业的学生学习以地理视角探索气候、政治、生物、经济等课题,进而认识并思考周围的世界。他们还学习使用各种地理调查必备的技术和工具。现代学术对地理学思维的探索,植根于多元的、有时是竞争的理论取向和视角,例如实证主义、人文主义、马克思主义、后结构主义、女权主义等。每种理论取向和视角,都提出对地理格局与过程的不同见解,有时会给出针锋相对的解释,有时也会以促进地理理解的方式互为启发。

地理学调查采用多种方法收集、分析有关位置、格局和分布的信息；记录和评价景观变化（地理学家对景观的处理方式，与文学研究者处理文本的方式大致相似，即批判性地思考直观形式所揭示的潜在过程）；寻找影响地表地理特征的驱动力证据。毫不奇怪，对于许多地理学家来说，地图、地表影像（航空摄影、卫星数据等）和基于计算机技术的地理信息系统（GIS），都是重要的地理学工具，因为它们能洞悉空间格局且便于决策。制定一条穿越野生动物栖息地的最佳路径绝非易事，因为必须考虑各种因素：野生动物迁徙模式、地形特征、植物分布、现有道路，以及自然灾害风险。这些因素都有其空间特征，于是便可以使用 GIS 捕捉这些特征，进行综合评估，以确定若干最优路径。GIS 的视觉化功能，则有益于启发性见解的酝酿（见彩图 2）。新地理技术的爆发式发展，已经形成了一个新的研究领域：地理信息科学（GISci）。地理信息科学的研究人员不仅关注地理信息系统的应用，还关注各种地理技术的特点、潜力和局限。

尽管地图学和地理空间技术非常重要，但地理学也不仅仅是一门制作或解释地图的学科。事实上，许多地理研究很少使用地图。细致的观察、摄影和田野笔记，可提供关于景观的信息；民族学方法、访谈与调查，有助于深入了解地方特点、当地居民，以及地方差异的重要意义；对媒体报道和私人通信的文本分析，可探明事件发生的地理框架；而对地方与空间的本质和意义的哲学思考，则开辟了新的思维路径，关乎我们自己，也关乎我们在世界上所扮演的角色。

地理学的研究范围是宽泛的，但这无损于它的整体性。它的关注点和方法论周围，有着一系列意味隽永的思想、观点、技术与方法。为了更深刻地认识其本质，探索地理学研究的应有之义，接下来的三章，将会深度探讨地理学在分析对象时，所关注的核心问题：空间格局与分布、地方特征、人地关系。这些研究对象间有很大的重叠，但是，对它们进行的个案研究提供了一种有效的手段，可阐明通过地理学的视角看待世界究竟意味着什么。在这些章节之后，我们将注意力转向地理学在基础教育领域的重要使命。本书的尾声部分则简要探讨在我们瞬息万变的世界里，增进对现代地理学的认识与欣赏的重要意义。

第二章

空间

★ ★ ★

有一个词，与地理学有着千丝万缕的联系：在哪里（where）。这是因为，地理学一切的开始，有一个前提：地球表面的事情究竟发生在哪里，这很重要。不过，关键的问题不只是"在哪里"，还有"为什么在那里"，"在那又怎样呢"等等。回答这些问题，需要认真研究事物的空间格局、变化及相互联系。即便是最简单的日常活动，也需要对空间环境有所了解，譬如在哪里能得到食物和服务，如何到达工作地点等。把问题的尺度放大，如果对地表现象的分布一窍不通，就很难做出合理的商业或政治决策，也很难理解重大事件，或是认识塑造地球生命的根本力量。确定新商店或公共服务设施的位置，需要考虑人口分布、道路与公共设施位置、社会经济模式等诸多问题。认识移民潮的起因和策源地，则需要思考当地政治组织、歧视行为的空间后果、社会经济模式及自然环境分布。

有时候，研究空间分布，是了解令人困扰的科学和人文问题最好甚至唯一的办法。人们曾经一直弄不清楚，究竟是什么原因导致霍乱流行，直到19世纪50年代，英国内科医生约翰·斯诺（John Snow）绘制了一幅显示当时伦敦霍乱通报病例的地图。图上显示，大多数病例都集中在一口水井周围。斯诺认为，霍乱是一种水传播疾病，这幅地图成为支持他观点的铁证。现在，疾病地理分布及时空变化的分析，已经是流行病学研究的基本工具。

空间分析在其他领域同样重要。影响气候的因素很多，各因素间相互作用及变异性也异常复杂，因此，探明人类对气候变化的影响是极其困难的。由于历史时期的气候变化主要由自然力驱动，因此，确定近年来人类影响程度的唯一方法，是建立气候系统长期运行的模型，然后分析当前情况与模型预测情况存在的偏差。空间分析在其中发挥了关键作用。

众所周知，气候变化的主要自然驱动因素，是地球轨道偏心率、地轴倾角及岁差的变化，这三个因素控制着太阳入射辐射量。其他影响因素，还包括太阳活动变化，大气成分变化，地表及大气反射率的变化。气候模型试图探明这些因素的混合如何随时间的推移而发挥作用。由于植被格局是气候背景的反映，精细重建过去的植被格局对创建和完善气候模型有很大帮助。因此，重建过去植被格局及时间变化情况，对气候系统研究具有重要意义。

重建过去植被格局的一个方法，是提取湖床沉积物柱样，检验各层包含的孢粉类型。最古老的地层位于底部，年轻地层则位于顶部，可利用各种现代测年技术对地层定年。在沉积物柱样的相应层位发现的孢粉类型，可提供相应时期所在地区的植被类型证据，进而延伸到对相应气候的认识。具有地理兴趣的科学家，利用多个地点的证据，绘制出第四纪时期（距今250万年）不同地区的植被和气候变化图。将重建的气候地图（见彩图3上图）与气候模型模拟出的地图（彩图3下图）进行比较，可对模型进行测试并逐步改进。在彩图3中，上面的地图显示了基于孢粉数据重建的6000年前的降水量，蓝色表示比现在湿润的地方，棕色表示比现在干燥的地方；下面的地图显示的是基于模型模拟的6000年前降水量与现代的差异，着色含义相同。通过对比分析，可看出降水量的模拟结果与重建结果还存在不少差距。我们在今后的工作中，可从中汲取经验。6000年前亚洲中部的模拟降水量显然过低了，这为模型的调整和改进提供了线索。

　　气候模型在模拟过去气候方面做得越来越好，这提高了人们对其准确性和实用性的信心。此外，若不考虑人类影响，气候模型便无法准确模拟近几十年的气候状况，这一事实本身便是一个有力证据，证明人类活动是影响当代气候变化的重要因素。这是对气候怀疑论者的有力回应，这些人认为气候变化只是一种自然现象，人类对其产生的影响很小。这个例子也表明，地理学对空间分析的关注，远远超出了给地表现象简单定位的程度；它是分析和解决当代重大问题的基本工具。对森林树种分布变化的研究，揭示了气候变化对不同地区生态系统的影响程度；沿海地区人口分布的高精度地图，显示出哪些地区最容易受到地震和海啸的影响；对冲突多发地区种族分布的分析，则提高了我们对不同社区面临的暴力威胁的认识。有了这层背景，就很容易理解为什么地理信息系统的应用范围迅速扩大，因为它能帮助我们理解地表不同因素间的相互关系。

地理学家研究空间分布有若干基本方法。他们寻求认知和解释空间格局的意义；他们探索空间变化，告诉我们是什么样的力量塑造了生物物理与人文过程；他们研究跨空间尺度关联的性质和意义；他们批判性地看待人类用以理解、定位与改造世界的空间思想与空间框架，反思这些思想与框架反映了什么、它们如何影响思维与实践，以及如何改变它们，使之服务于环境的可持续与人类的进步事业。

空间格局

北美洲西部的树皮甲虫感染有多严重，如何才能遏制？为什么都柏林（Dublin）的一个区报告的癌症病例远超正常水平？巴黎周边居住在贫民窟的移民在获得食物和公共服务上面临哪些障碍？回答这些问题需要迈出的第一步，是找出问题所呈现的空间特征：哪片森林的树木死亡特别严重，哪里是癌患人群集中的地方，食品店和诊所在哪,有关人群的集聚区又在哪。回答"在哪里"的兴趣,使地图在许多地理学家的工作中占据着特殊的位置,因为绘制地图是了解空间格局、促进空间思维的有效手段。

有些地图讲的故事从表面上看很有说服力,但地图制作的重要意义,常常在于它提出问题,并引出找到答案的路径。一幅显示城市中各种族群体分布的地图,可以深度解析为什么某些群体相对而言更具隔离性,也能表明可能导致隔离的原因类型。绘制河流沿岸特征的地图,可以是描绘湿地生态环境的有趣画面,也能引导我们提出一些假设,探究河道某些位置的侵蚀原因。

地图当然不是对现实的纯客观描述。它表达了特殊的态度和偏好(稍后我们会更详细地探讨这一点),因此是进行批判性考察的合适对象。例如彩图4,这幅地图将20世纪90年代初提出的,针对饱受战火蹂躏的波斯尼亚和黑塞哥维那的分治计划（图上着色区域），与一组冲突爆发前，人口流动与空间利用的区域（实线和虚线）并置。此图意在说明，英国外交大臣欧文勋爵（Lord Owen）和他的美国同行、国务卿赛勒斯·万斯（Cyrus Vance）提出的分治计划是导致塞尔维亚人、克罗地亚人和波斯尼亚穆斯林相互对立、爆发冲突的问题方案。这一方案并未忽视空间变量，它的基础是一张以政区边界划分国界的地图；一个政区分配给哪个民族，取决于该区内哪个民族的人数占优。为了说明这些空间变量为什么不堪使用，奥地利科学院的地理学家彼得·乔丹（Peter Jordan），利用冲突前波斯尼亚通勤行为的信息，阐明了在人们生活中有意义的空间（他称之为微观与宏观"功能区"）与政区图上的民族分布并不相符。[1] 彩图4把问题

---

[1] Peter Jordan, "The Problems of Creating a Stable Political-Territorial Structure in Hitherto Yugoslavia," in Ivan Crkvenčić, Mladen Klemenčić, and Dragutin Feletar, eds., *Croatia: A New European State* (Zagreb: Urednici, 1993): 133–142.

讲得很清楚，表明了计划最终失败的原因（该方案遭到各方的坚决抵制）。但这幅地图还没能说明全部的情况。如果该方案生效，波斯尼亚穆斯林的农业生产将远远落后于塞尔维亚或克罗地亚，这是以地理视角看待该方案所得出的另一个认识。

因此，空间数据的地图化或其他表达，一般不是其最终目的；生产它们，是为了促使我们思考某种特定格局形成的原因，并探索空间格局如何影响事情的发生与发展。这样的努力总是不尽全面，会引出很多问题（问题的提出和数据的检验会对研究产生影响），但仍是非常有价值的。它们可以解释，为什么大多数冰川在退却，有些冰川却在前进；哪些地方越来越容易受到自然灾害的影响；交通网的布局为何对某些社区有利，对某些社区却不利；为什么生活在某些社区的人会比生活在其他地方的人面临更大的社会、经济和环境挑战。

空间异质

另一种思考空间差异的方法,是观察事物在不同地方的变化,看看能从中学到什么。在探索掌管自然与人文系统的法则时,科学研究有时只是将空间差异视为一种噪声,认为它扰乱了更本质的过程。例如,许多经济学家、政治学家在其模型中假设,世界各地的人对事情做出的反应皆大致相同;即所谓"理性选择"或为自己的"私利"行事,这或多或少被视为是人类的本性。生物学家与物理学家时常会认为,应力求在多个地方寻得共性,而不应过分专注于地方化的条件,这样才能最有效地揭示自然环境的运作方式。

应用普遍规律解释现象的研究,固然可得出真知灼见。在自然环境领域尤其如此,从重力到气压差,人们对一切事物的认识,都是诉诸于普遍规律的成果。在社会科学领域,对资本流动或接触性传染病的研究,也可从中获益。但是，采用地理学方法，则意味着尝试从空间差异中发现问题，例如，思考特定的地理环境如何影响河岸侵蚀，或在经济困难时期如何做出移民的决定。地理方法对个案进行比较，梳理出何为一般性、何为特殊性，进而得到更广泛的归纳。

关注空间的异质性，可使人们意识到全面归纳的局限性，譬如《纽约时报》专栏作家托马斯·弗里德曼（Thomas Friedman）的著作《世界是平的》(*The World is Flat*, 2005)[2]，即以全面的归纳为前提。在这本书中，弗里德曼认为全球化运动正在创造一个地理无差别化的星球，譬如，硅谷的高科技人员现在与伦敦、阿姆斯特丹、东京、班加罗尔等地的同行之间，有着密不可分的合作与竞争。弗里德曼看到，在他平平世界的映像中，来自世界各地的商业精英在远离家乡的地方旅行、生活，来自多个国家的教授定期交

---

2 Thomas Friedman, *The World is Flat: A Brief History of the Twenty-First Century* (New York: Farrar, Straus and Giroux, 2005).

流并合作项目,来自世界各地的富人在相似的地方度假,英超球队在泰国南部与英格兰北部一样家喻户晓。

全球化确实以前所未有的方式将人们聚集在一起,对某些地方的某些人来说,人生的赛道已近乎平坦。尽管如此,若从地理的角度考虑弗里德曼的观点,其局限性则暴露无遗。据估计,世界上有将近一半的人,终其一生也不会离开他们的出生地超过100公里(约60英里)。许多地方的贫富差距扩大了。也门北部农民的生活,远非苏格兰乡下长大的男男女女们可以想象。即便距离不远,也可能因国界的分隔而造成巨大的差异。一个出生在韩国坡州中产之家的孩子,和一个出生在朝鲜开城的孩子,他们的机遇和前途是不可同日而语的,尽管两城只相距25公里(15英里)。[3]

---

3 坡州位于韩国京畿道西北端,距首尔40公里,其西北部紧靠三八线,是重要的南北军事分界线。开城是朝鲜边境城市,王氏高丽故都,2000年,朝鲜政府在此设立开城工业园区。——译注

地理学最有价值的贡献之一,即在于它引发了人们对这种差异的关注,有力反驳了"世界是平的"这样的故事。由于是否能便捷地进入城区与地区健康和社会经济指数密切相关,特别是在低收入和中等收入地区,地理学往往道破了当今世界人们所面临的各种机遇和挑战,而在弗里德曼的故事里,这些内容就基本避而不谈了。传统地图将以国家为单位的人均 GDP 数据作为基础,刻画各国经济发展水平,同样会掩盖这些内容。

考虑到这种差异,或是当许多通用模型不能充分解释和预测经济衰退、洪水强度等问题时,地理学对空间异质性的兴趣便成为人们关注的焦点。西伯利亚湖泊的萎缩就是一个很好的例子。有确凿的证据表明,西伯利亚的气候正在变暖,致使永久冻土融化。长期以来人们一直认为,融化的永冻土会导致湖泊的数量与面积扩大,特别是在西伯利亚这种降水量略有增加的地区。然而,当加州大学洛杉矶分校的地理学家劳伦斯·史密斯（Laurence Smith）和他的团队利用遥感影像数据研究西伯利亚湖泊的空间分布变化和自然特征时，却发现了些许异样：研究区内，部分地区的湖泊数量与规模显著减少，特别是永冻土区边界附近的湖泊。[4] 这些发现使他们意识到，对这些地区的湖泊，不能简单以常理视之；与传统认识相反，永冻土融化最初导致湖泊扩张，但随后，沉积物、土壤和岩石的复合基底会变得更具渗透性，进而造成湖水的流失。这方面的研究，对于了解未来几十年气候变化对各地的影响程度，无疑是十分重要的。

---

[4] Laurence Smith, Yongwei Sheng, and Glen MacDonald, "Disappearing Arctic Lakes," *Science*, 308 (2005): 5727.

再举一个其他方面的例子。创建更安全、更宜居的城市,是被人们广泛接受的目标,但在某些地方能促进达成这一目标的政策,在其他地方却可能达不到同样的效果,因为各地的情况不同。第二次世界大战后,美国路易斯安那州南部的地方政府开始采用国家建筑规范标准,该标准旨在改善全美国的建筑环境,使之更为持久耐用。标准之一称为"地面板"(slab-on-grade)施工,即将混凝土面板铺在地面上,作为建筑物的基础,地面和构筑物之间不留空隙。在南路易斯安那,遵循这一标准意味着放弃在柱上建房的老做法;这些按照传统做法建造的房屋,地板一般会高出地面18~24英寸。2016年8月,大洪水袭击巴吞鲁日市(Baton Rouge)期间[5],大部分受损的房屋都是新建的采用"地面板"施工的建筑,它们被不到18英寸的洪水淹没。换言之,未考虑个

---

5 巴吞鲁日市是美国路易斯安那州首府、第二大城市。——译注

别地方的特殊性（在本例中，即路易斯安那州南部较高的洪水风险），可能会使千万人面临严峻的后果。

避免此类后果的唯一办法，就是认真对待空间的异质性。一项公共交通计划对南安普顿这样相对紧凑的英国城市效果很好，但却未必适合城区松散延展的曼彻斯特市。澳洲荒原生态敏感区的积极响应式灭火方案，也未必适用于加拿大北部的偏远林区。要言之，若对当地的自然、人口、社会和文化环境漠然处之，抱着不求甚解的态度，采取一刀切的对策，便很容易难以理解和应对可能面临的各种社会与环境挑战。

跨空间与尺度关联

地方并不是孤岛。它们受到远近环境和事件的影响，随着世界各地的联系愈发紧密，地方间的相互影响也日渐增强。英国东北海港城市赫尔（Hull）强烈支持英国脱离欧盟，不仅仅是当地客观环境造成的结果。相反，它反映了当地人在与其他地方对比时，产生的一种心态，一种经济被边缘化的感觉，一种长久以来北英格兰的艰难处境被伦敦统治精英所忽视的感觉，以及对渔业衰退的失望之情；许多人将这一切归咎于欧盟。[6]这也是当地人对东欧移民感到不安的结果，他们感到国内的政治运作正使英国沦为一个不能决定自己事务的国家，沦落为非法移民的牺牲品。

赫尔城的例子说明，跨空间关联，对理解在特定地点发生的事情非常重要。这种关联不只存在于离散的地点之间。跨尺度的关联也十分重要。在英国脱欧事件

---

6 Anthony Clavane, "Brexit Heartland and City of Culture Hull Remains in Dangerous Waters," *The New European*, December 19, 2017. 获取自： http://www.theneweuropean.co.uk/top-stories/brexit-heartland-and-city-of-culture-hull-remains-indangerous-waters-1-5322162

中，国家和欧洲的尺度影响了地方的尺度。当然，在地方尺度发生的事件，也会产生更广泛的影响；英国脱欧，正是很多像赫尔这样的地方投票表决的产物。从地方到全球的跨尺度视野，有助于将地点、事件和过程放置于特定的语境之中，从而揭示出重要的因果关系。

让我们仔细想一想，即便是一些被视为地方特征的东西，也往往是跨时空互连的产物，空间关联的重要性就不言而喻了。提起瑞士，很多人会立刻想到巧克力，但那里从未种植过可可。长期以来，乳品业对该国的农业经济影响举足轻重，但实际上，正是由于瑞士具有发展和控制相关国际贸易的能力，才使乳品业成为其标志性产业之一。

在过去的一个世纪里，除却最偏远的地区以外，所有地区的经济都愈发与其他地方交织在一起。许多在华盛顿特区郊区专营服装的零售企业，销售的商品中蕴含着复杂的"商品链"：中亚地区种植的棉花，运到土耳其纺成线，转到中国染色，再运到越南，与来自法国的纽扣缝成一条裤子，然后运到华盛顿郊区销售——销售时通常加一个标签，声明它是在美国设计的，或是其他某个以时尚闻名的地方，譬如法国、意大利之类。这条商品链上的各个环节，都存在各种形式的外资所有制和外资管理，也包括中间的运输环节。因此，大多数的商品链，都是更为复杂的"全球生产网络"的一个环节。[7]

2017年1月，美国总统唐纳德·特朗普（Donald Trump）就职典礼前夕，全球生产网络的重要意义成为人们关注的焦点。特朗普认为，美国政府应考虑对墨西哥进口的汽车征收35%的关税，以作为保障美国就业的

---

[7] Neil M. Coe, Martin Hess, Henry Wai-chung Yeung, Peter Dicken, and Jeffrey Henderson, "'Globalizing' Regional Development: A Global Production Networks Perspective," *Transactions of the Institute of British Geographers*, 29:4 (2004): 468–84.

一种手段。不论人们一般会怎么看待保护主义政策的智慧,这项政策的提出,似乎完全没有考虑美、墨两国汽车工业相互渗透的现实情况。事实上,美国组装的汽车中,超过三分之一的零部件来自墨西哥,而在墨西哥组装的汽车,也包含许多美国制造的零部件,这意味着,如果实施拟议的关税,将对两国的汽车生产和就业产生强烈的负面影响。简言之,对关税提案及其潜在影响的任何理性讨论,都不能忽略地理上跨空间互连的情况。

经济领域并非唯一在空间和尺度上紧密联系的领域。意大利科莫湖(Lake Como)沿岸的复合植被能反映出地方、区域和更大尺度的生物物理环境和入侵物种,也能反映农业生产、人为污染,以及湖畔居民区扩大造成的影响。2011年以来,叙利亚爆发的冲突是外部殖民活动(边界划定、外部移植的行政结构、出口驱动型经济的建立等)、邻国复杂关系(尤其是土耳其和伊拉克），区域和全球生产网络中叙利亚的地位，以及伊朗、俄罗斯、美国等大国的地缘政治野心共同作用的产物。南非德班（Durban）棚户区的境况，则源于殖民时代的权力关系，比勒陀利亚（Pretoria）[8]、区域及全球经济结构中的统治精英控制着一个长期存在的种族主义政权，他们牺牲他人，使社会中的一些阶层中饱私囊。诸如此类。

跨空间与尺度关联十分复杂，以至于在很多情况下，很难理清造成某种结果的各种或近或远的驱动力。此外，对于什么是值得注意的事情，什么理论最适合解释地理的结果，即便是地理学家们，也常常聚讼纷纭。不过，识别和描述塑造地理环境的各种关联，仍是对各种现象进行有效认识和辩证的先决条件。

---

8 德班位于南非夸祖鲁-纳塔尔省，城市规模在南非排名第三，仅次于约翰内斯堡和开普敦，是制造业和商业中心，也是著名的国际会议之都。比勒陀利亚是南非的政治决策中心和行政首都。——译注

21世纪的世界，联系日益紧密。特定地方、特定尺度下发生的事件如何在别处、在其他尺度下发生影响，是地理学长期关注的内容，其学科的重要性已不言而喻。欧洲和北美的消费模式对非洲和南美的农业生产有何影响？长江流域上游的土地利用行为如何影响下游的洪水？新的虚拟交互技术将如何改变世界运作模式与城市组织？商业捕捞、新输油管道铺设和原油裂解，在多大程度上改变了土著社区的命运？这些地理问题的解决，对于我们这个时代的许多议题都至关重要。跨空间与尺度关联还能引导我们对问题讨论的地点与尺度框架作一番批判性思考。例如，如果墨西哥的毒品暴力犯罪不仅被看作是墨西哥本身的问题，而是放在全球毒品贸易的更大范围的地理背景下，那就很难忽视美国和欧洲的吸毒者对墨西哥社会稳定造成的影响。

质疑空间的预设

墨西哥毒品犯罪的例子，道出了对空间和空间分布进行辩证思考的重要性。几乎每一门学科或研究领域，都试图从某个关键的角度来处理其研究对象。对于地理学而言，这意味着不仅要承认空间观念，还要对其价值、实用性和适当性进行质疑。这意味着我们需要意识到，以社区或城市为尺度的社会经济问题研究，并不适用于州、省或国家的分析，即便调和了大尺度过程对小尺度地方的影响，也需对原因和结论作不同的理解。例如，需要认识到，对地中海地区环境问题的评价，会使人们的注意力分散到各种事物上，而不会仅仅将分析的目光聚焦在南欧或北非。

记者、政客、决策者、教师、商界领袖……几乎所有人，在描述世界并试图改变世界时，都会援引地理的概念。这些概念有时界限模糊（譬如中东、美国中西部），有时相对清晰（譬如澳大利亚、伦敦都市区）。无论是什么情况，我们始终应审慎看待概念作为一种参照系的意义，反思在给定的问题框架中展示了什么，又隐藏了什么。同样重要的是，意识到信息和数据的可获取程度，决定着谁将受到万众瞩目，谁将无人问津。例如，由于数据往往以政区为边界搜集、汇总，于是就有更多的研究关注政区内部的事态发展，跨政区的研究则较为少见。

政治格局对数据采集与传播造成的影响，可以解释为什么我们总倾向于把独立国家的地图简单看作是毋庸置疑的先验空间。几乎没有多少评论者会好好想一想，政区图究竟在多大程度上支配着我们的现代地理想象。每当刚果河流域、欧洲法语区或北美小麦带发生事情，都会有成千上万的媒体报道，说这些事情发生在刚果民主共和国、法国和加拿大。援引世界政区图上的一个政区或非政区单位用来描述位置（海啸发生在日本，而不是本州岛东北海岸），以国籍描述人（甲是玻利维亚人，而不是克丘亚

人 [Quechua]、瓜拉尼人 [Guaraní] 或阿莫拉人 [Aymora]），以国界为边界处理世界上大部分信息（印度人识字率比中国低 30%），都是司空见惯的表述了。⁹

对政区图描绘的格局缺乏地理的辩证思考，便容易忽视政治格局与人口、民族、环境等其他地理格局的现实脱节，或者把所有国家都当作本质上相同的实体来看待。例如，中国人口近 14 亿，国土面积超过 900 万平方公里，拥有庞大的行政机构；而被视为同类实体的南太平洋岛国瑙鲁，人口不足 1 万，土地面积约 21 平方公里，其国家机关的规模，尚不及中国一座中等城市的市政府。诚然，诸如苏联解体、南斯拉夫解体、南苏丹分离主义运动等事件，会间歇地提醒人们，政治格局绝非一成不变；但若

---

9 主要参考了 Alexander B. Murphy, "The Sovereign State System as Political-Territorial Ideal: Historical and Contemporary Considerations," in Thomas Biersteker and Cynthia Weber, eds., *State Sovereignty as Social Construct* (Cambridge: Cambridge University Press, 1996): 81–120。

对世界政区图上表现的格局缺乏批判性思考，任何事件恐怕都无法撼动人们心中的执念，即认为地图提供的定位与描述事件及过程的框架是无须质疑的。

相比之下，适度培养一些地理学的思维习惯，或许有助于我们透过现象看本质。为什么在世界政区图上，通常显示索马里是一个国家，但实际上其北部和东南部各自为政？尼泊尔夹在印度和中国之间，会产生什么后果？中、印两国谁更容易与之接触？这类地理问题培养出的思维方式，对于理解当代的地缘政治形势，是至关重要的。

空间的辩证思维对解决小尺度具体问题和应用问题也同样重要。例如，如何给物种保护区划界？市中心的街道和人行道是否有利于交通？公共汽车站、火车站和高速公路入口的位置是否对各类旅客都同样方便？公园的位置和内部设计是否兼顾了周边不同人群的利益与限制？任何城市形态都不可能做到完全公平合理，但如果我们想在未来几年或几十年里创造更多更宜居、公平、可持续的社区，思考类似的问题还是十分必要的。

另一套重要的批判性思维是质疑某种特定类型地图的绘制方式，以及这些地图如何塑造了我们的思想。如上文所述，地图若隐若现地反映着绘制者的喜好与偏见。想一想最基础的地图投影的选择。地图投影是在平面地图上显示地球曲面的方法，但在平面上不失真地呈现出球形星球的特征是不可能的。因此，地图投影的选择不可避免地带有主观愿望，使某些特征比其他特征能更准确地呈现。几个世纪以来，北美和欧洲制作的世界地图主要使用墨卡托投影，将大西洋置于地图中心。[10] 墨卡托投影在航海中非常实用，但它呈现的相对陆地面积却非常失真，靠近两极的区域过度扩大，靠近赤道的区

---

10 墨卡托投影，是正轴等角圆柱投影，由荷兰地图学家墨卡托（G. Mercator）于1569年创制。假想一个与地轴方向一致的圆柱切割地球，按等角条件，将经纬网投影到圆柱面上，将圆柱面展为平面后，即得到投影。该投影具有等角航线被表示成直线的特性，故广泛用于编制航海图和航空图。——译注

域则过于缩小。结果呈现在地图上，格陵兰岛看起来比非洲还大；大西洋置于地图的中心，东亚则被推到地图的边缘。

虽然无法精确计算广泛使用以大西洋为中心的墨卡托地图造成的影响，但几乎可以肯定，它助长了北美和欧洲边缘化非洲、相对边缘化东亚的态度。在许多情况下，绘制和发行地图带有明确的政治目的。例如，显示两国争议地区领土主张的地图（譬如日本和韩国的地图，对两国的海上争议岛屿分别命名），表现社会热点问题的地图，或是强调特定活动的环境后果的地图。地图和政治之间的联系，最好的例子出自冷战时期，当时美国广泛发行极点投影地图，[11] 以引起大众对苏联的关注，进而强调它对美国构成的潜在威胁。

与十几年前相比，如今技术的进步使地图制作变

---

11 极坐标法，是在控制点上测设一个角度和一段距离来确定点的平面位置的方法。——译注

得更加容易、更为廉价，这就凸显出培养审慎、辩证的读图能力的重要性（详见第五章）。此外，地图的大量涌现，为地理研究开辟了新的重要领域。地图和导航工具如何帮助或阻碍人们游览与认识周围的世界？如何改进地图设计，使之适用于包括残障人士在内的各类人群？全球定位系统的广泛使用，是否改变了人们在空间中思考与行动的方式？将这些新的研究领域结合起来的，是不断反思空间表征特性、实用性和影响的地理学关照。

结论

200多年前，铁路运输的发明，为大规模的地理变化铺平了道路，影响了人们的生活与生产、政府的国土管制，甚至影响了人们看待距离和地方远近的方式。人们可以在远离家乡的地方与故乡的大家庭保持联系；人们不禁思考，自己的生活如何与那些曾经的异乡之人交织在一起。汽车和飞机的发展，也带来了类似的巨变。随着21世纪的到来，另一场移动和互联的革命已崭露头角。这场革命不是单一的变革性发明，而是由一系列可能在未来几年产生深远影响的技术创新和社会环境事业驱动，例如无人驾驶汽车、各种电动汽车、共享载具、超高速列车和日益普及的互联网。这些变革，将影响数十亿人体验与理解世界的方式。

要理解这些变化的含义，并以之造福人类，必须对不断变化的空间分布、关系和结构，进行持续、全面的地理学分析。我们需要认识移动和互连模式如何、为何变化，以及这些变化对不同地方和社区产生的不同影响。我们需要关注，技术创新如何重塑了人与地方的关系，例如，它们如何推动城市及周边土地利用方式的变化、对人口的差异化影响，如何改变城乡联系、改变自然环境、改变人们的空间敏感性。在21世纪，我们面临着很可能重塑地球生命的组织与经验的大变革，这类地理学问题是至关重要的。

第三章

地方

*　*　*

地理学作为一门学科，更多的是通过其分析和解释的方法被定义，而不是通过其研究的对象；但它对地方性质的普遍关注却是个例外。对地方的兴趣和地理学本身一样古老。在西方传统中，早期的希腊地理学家即以对旅途各地的博闻广记而著称，后来的阿拉伯、波斯和欧洲地理学家也是如此。到了现代，对地方组织方式和外部形态的研究，为认识影响其发展的自然过程和人文因素提供了宝贵的见解。

南非的乔治市（George）是一座中等规模的城市，位于西开普省（Western Cape）的高原上，靠近印度洋。这里环境优美，靠近森林又宜于耕作，千百年来一直吸引着人们前来。乔治市是英国开普殖民地的长官在19世纪初建立的。其商业区，位于图2标注的"城市中心区"。[1] 该市建立的头几十年，经济发展较为平缓，但随着交通条件的改善和木材工业的发展，经济增长也逐渐加快。20世纪后半叶，该市成为商贸和服务业中心。今天的乔治市是一个热门旅游目的地和会议中心，人口约15万。

外地客一般认为，乔治是一座可爱的城市，拥有良好的会议设施、漂亮的高尔夫球场和有趣的名胜古迹。但是，这也是一座有着深刻种族分裂印痕的城市，只要在那里多待一些时间，便可有所体会。不过，从地理学角度看待这座城市，可以发现更多的事情，例如，种族分裂如何随时间的推移影响城市的结构和组织，并将这种影响延续至今。金伯利（Kimberly）和大卫·兰格朗（David Lanegran）在《城市地理》杂志发表过一篇精彩

---

[1] Kimberly Lanegran and David Lanegran, "South Africa's National Housing Subsidy Program and Apartheid's Urban Legacy," *Urban Geography*, 22:7 (2001): 671–86.

图2 南非乔治市地理概况

的论文，文中指出，乔治市及其所在的区域自19世纪建立以来一直实行种族隔离的政策。[2]

城南几英里处，一个叫帕卡尔斯多普（Pacaltsdorp）的地方迅速发展为一个规模颇大的多种族有色人种社区（图2）。帕卡尔斯多普区的居民多在乔治市就业，但该区具有自治的政治地位。至于乔治市，其大部分白人人口集中在城市中心区附近，最早的黑人区则是图上标注的罗斯摩尔区（Rosemoor）。随着黑人人口的增长，黑人区扩展至拉瓦坎普区（Lawaaikamp），并最终跨过N2公路，进入曼巴苏区（Thembalethu）。

乔治市的地理特征，反映了种族关系的混乱历史，以及1948—1991年南非种族隔离制度的影响。近年来，尽管种族隔离制度已宣告结束，但其留下的地理特征仍

---

2 Kimberly Lanegran and David Lanegran, "South Africa's National Housing Subsidy Program and Apartheid's Urban Legacy," *Urban Geography*, 22:7 (2001): 671–86.

起到固化种族隔离的作用。20世纪90年代,乔治市政府急于甩掉种族隔离制度留下的包袱。由于面临住房短缺,新住宅区的规划成为优先考虑的事项。出于对土地利用效率和成本因素的考量,政府批准的大部分新住宅项目都建在有色人种聚居的帕卡尔斯多普区和黑人聚居的曼巴苏区的边缘地带。然而,这些决策实际上强化而非破除了隔离制度的影响。横亘在这两个社区北边的N2公路,强化了它们与城市中心区的分割。此外,尽管一些新住宅项目使帕卡尔斯多普区和曼巴苏区之间的距离越来越近,但这并未促使它们相互融合;因为两区之间有一条河,但河上的桥梁却迟迟没有修建。这是一种深入骨髓的思维方式造成的产物,即将两个社区区别看待;在制定城市规划时,重点关注的是各社区与市中心的关系,而不是社区间的彼此联系。

乔治市的例子表明,即便是经历过剧烈变化的地方(本例中是种族隔离制度的消亡),从前发生的事情,仍会留下深深的烙印。如果乔治地区未曾被人为割离，如果没有隔开帕卡尔斯多普区和曼巴苏区的斯科普科普河（Skoopkop），如果河上架设了桥梁，如果N2公路没有阻隔南北城区的互动，如果把帕卡尔斯多普区和曼巴苏区分而视之的思维惯性没有那么强大……后种族隔离时代乔治市的故事，或许会有些许不同。认识这些互联关系的性质和重要性，需要从整体上看待作为一个地方的乔治市的地理组织和地方特性。对地方进行地理学描述，可以满足人们的好奇心，但对地方的深度挖掘，则有益于综合性思维的形成，提升对地表多样性的认识，加深对身份与归属问题的理解，并为地方和区域性质的预设提供辩证评价的基础。对这些案例的简单观察足以说明，地理学对地方特征的关注为何在当代世界中具有如此重要的作用。

地方是综合性思维的载体

在当代,从自然科学到人文社会科学都提倡采用综合性方法。促进综合性思维的一个方法,就是集中精力,探寻具体环境中不同因素间的关系。譬如,关注中纬度地区森林火灾特征和影响的研究者们,就深谙此道。中纬度各地森林中的树木、蕨类、地衣、苔藓或其他植被,皆各不相同。原因是气温、降雨、土壤特征、外部污染等影响植被的因素在各地的组成方式不同。在此过程中,各因素创造出独特的生态位(ecological niche)[3],各种生态位又反过来塑造了森林的火灾敏感性,也塑造了火灾以及其他因素对森林破坏的方式。认识到问题的关键以后,火灾研究人员就愈发关注地理环

---

[3] 生态位是生态学中的一个重要概念,主要是指在自然生态系统中,一个种群在时间、空间上的位置及其与相关种群之间的功能关系。——译注

境，在最近发起的一项旨在"寻求火灾研究人员共识"的多学科倡议中，地理环境已成为其中的一个核心议题。[4] 其中隐含的思想在于，复杂局地环境对火灾的影响远甚于人们此前认识的程度。

人类活动对植物群落进化影响的地理学研究证实了这种看法。肯塔基大学的地理学家乔纳森·菲利普斯（Jonathan Phillips）研究了得克萨斯州中部、弗吉尼亚州西南部和北卡罗来纳州东部三种不同环境下，植物群落对放牧和火灾抑制（积极扑灭自然区的火灾）的响应。[5] 他的研究表明，基于普遍原理构建的预测模型，没有一

---

[4] Max Moritz, Chris Topik, Craig Allen, Tom Veblen, and Paul Hessburg, "SNAPP Team: Fire Research Consensus" (Collaborative Project of the Nature Conservancy, the Wildlife Conservation Society, and the National Center for Ecological Analysis and Synthesis at the University of California, Santa Barbara). 获取自：https://snappartnership.net/teams/fre-research-consensus/

[5] Jonathan D. Phillips, "Human Impacts on the Environment: Unpredictability and the Primacy of Place," *Physical Geography*, 22:4 (2001): 321–32.

个可以有效捕捉事态的发生。如他所言,"地点是关键",这一说法,可谓是辞约而旨达。这表明,我们不必一定要建立严密牢固的因果关系,并做出确定的预测。更有效的方法,是从概率归纳的角度思考问题,并将不同地理环境的特征纳入预测模型。对上述森林火灾的例子而言,这意味着,相比假设中纬度针叶林发生火灾时会产生某种后果,更有实用意义的说法是,如果发现某中纬度针叶林具备若干特定的条件,当火灾发生时,更有可能产生某种后果。

在人文领域,地方同样是有效的综合性思维载体。19世纪,工业资本主义在英国的扩张对妇女的社会关系和活动模式有何影响?琳达·麦克道尔(Linda McDowell)和多琳·麦西(Doreen Massey)将地理学的关注集中在承载问题的地方上,思考东盎格利亚(East Anglia)沼泽区和英格兰东北部棉业市镇之间的地方差异产生的影响。[6] 其结论是，这些地区经济基础的根本变化、妇女在这些经济体中的作用、社区空间组织，以及社会规范等因素，对近代妇女的地位和行为有着完全不同的影响。如同上述自然地理的例子一样，通过观察地方差异，我们意识到笼统归纳的局限性，并得以认识塑造地表发展变化的各类环境因素。

以上案例说明，对地方的综合地理研究，可加深对空间变化的理解，正如我们在上一章探讨过的主题那样。在地理学专业领域之外，人们也愈发认识到地方特性对一般热点问题产生的影响，从而加深了我们对这些问题的认识。小规模渔业占全球渔业捕获量的一半，在许多地方，特别是工业化程度较低的地方，发挥着重要作用。然而，小规模渔业易受各种情况的威胁，尤以大规模商业捕捞引

---

[6] Linda McDowell and Doreen Massey, "A Woman's Place?" in Doreen Massey and John Allen, eds., *Geography Matters!* (Cambridge: Cambridge University Press, 1984): 128–47.

发鱼群萎缩造成的影响最为显著。因此毫不奇怪，长期以来，为促进更可持续的小规模渔业发展，人们一直专注于解决过度捕捞的问题。尽管如此，但小规模渔业面临的可持续性挑战可能更为复杂。它不仅与海洋鱼类的数量有关，还与海洋健康密切相关，而后者正受到日益增多的塑料垃圾、濒临死亡的珊瑚礁和不断扩大的死水区（几乎或全无生命体存在的水域）的威胁。贫穷、疾病、危险的工作条件和青年失业，造成渔业社区的脆弱性，也是一大要害。有鉴于此，联合国粮食及农业组织颁布了一套"保护小规模渔业安全义务准则"，不仅需要考虑资源管理问题，还需顾及人权、文化多样性、经济可持续性和性别平等之类的问题。[7]该准则的主旨在于，小规模渔业若想保持活力，就必须采取以个别地方为重点的整体、综合的方法。

---

7 Food and Agriculture Organization of the United Nations, *Voluntary Guidelines for Securing Sustainable Small-Scale Fisheries in the Context of Food Security and Poverty Eradication* (Rome: Food and Agriculture Organization, 2015).

美国国家科学院、工程院和医学院的最新报告《社区行动：健康公平的途径》也有着类似的宗旨。[8]该报告以促进实现卫生公平需要社区行动的观念为基础，提出了一个概念模型，考虑了自然环境、收入水平、卫生服务、就业、住房、交通和教育等各个方面的交叉影响。《亚马孙河第三方倡议》是另一个例子。该倡议旨在推动实现一种综合性发展方法，重点关注亚马孙河流域内不同地方间社会生态、技术和经济特征的交叉融合。[9]

正如这些例子和无数其他例子显示的那样，如果只关注或把主要精力放在各自离散的主题与对象上，我们

---

8 National Academies of Sciences, Engineering and Medicine, Communities in Action: Pathways to Health Equity (Washington, DC: National Academies Press, 2017).

9 Carlos A. Nobre, Gilvan Sampaio, Laura S. Borma, Juan Carlos Castilla-Rubio, José S. Silva, and Manoel Cardoso, "Land-Use and Climate Change Risks in the Amazon and the Need of a Novel Sustainable Development Paradigm," *Proceedings of the National Academy of Sciences of the United States of America*, 113:39 (2016): 10759–68.

就难以领悟周围世界的复杂性。综合性思维是必要的，而地方正是这种思维的宝贵孵化器。探寻一个地方的本质，必须仔细研究自然、社会、经济、政治、文化等各种因素的综合，这些因素是随着时间的推移而形成的。基本的地理学研究带来的开阔视野，正是对现代高度专业化趋势的重要平衡。

激发好奇心，探索地球多样性

是什么原因促使早期人类走出非洲家园，逐渐遍布全球？在某些情况下，经济需求是驱动因素，尽管有很多实例强调，当时的人们缺乏迁徙的资源和活动能力。逃离冲突和压迫的努力，也是推动迁徙的催化剂，但作用有限。想要进一步回答这个问题，我们不能忽视人类好奇心的作用，好奇心总是让一些人想去探索下一座山峰、下一片水域、下一片森林之外的地方，然后有一天，他们便迁徙到那里。

同样是好奇心继续驱使人们更多地了解别处的风俗、民生和景观。这可以解释，为什么纸媒和新媒体渲染的"远方"会如此引人入胜，也可以解释旅游业为何在近几十年蓬勃发展。然而，地理学的好奇心，以及随之而来的洞察力，并不是理所当然就有的。对地理认知的调查显示，人们其实对周围的大千世界有着深深的误解。相对而言，很少有人主动寻求其他地方的信息。游客大多不会冒险离开酒店、度假村和旅游指南推荐的景点，到其他地方去，而且一般会优先选择与自己熟识之地类似的地方。尽管人们的眼界括宽了，但最近的技术发展使许多人愈发喜欢久坐不动，疲于探索，也不甚了解周围的环境（我们将在第五章探讨这一主题）。全球化在世界范围内促成了更大规模的互动，但也助长了人们之间的积怨，加深了人们互相持有的负面刻板印象。

在这样的背景下，培养地理好奇心的意义清晰可见。在这方面，对各个地方生动而富于感召力的描述，能发挥重要作用。幸运的是，有一大批各行各业爱好地理的人士致力于做这样的描述，他们当中，不仅有受过专业训练的地理学家，还有记者、小说家、旅行作家和电影人。通过阅读芭芭拉·金索沃（Barbara Kingsolver）、詹姆斯·米切纳（James Michener）和乔治·奥威尔（George Orwell）等小说家的作品，我们可以更好地了解地方间的相互联系。[10] 非虚构文学作家，如巴里·洛佩兹（Barry Lopez）、查尔斯·曼（Charles Mann）、约翰·麦克菲（John McPhee）和安德烈娅·武尔夫（Andrea Wulf），通过观察人与环境的相互作用如何

---

10 芭芭拉·金索沃，（1955— ），美国当代著名作家，代表作有《毒木圣经》《豆树青青》《纵情夏日》《罅隙》等。詹姆斯·米切纳（1907—1997），美国小说家，代表作有长篇小说《南太平洋的故事》《夏威夷》《百年》《伊比利亚》等。乔治·奥威尔（1903—1950），英国小说家、记者和社会评论家，代表作有《动物庄园》和《1984》。——译注

以微妙的地理方式展开，帮助我们理解过去和现在。[11] 这些作品与许多对"远方"的肤浅描述形成了鲜明对比，而后者正是产生误解与偏见的渊薮；这种描述的大行其道，从另一个方面说明，我们仍需尽己所能，对各个地方多做一些地理学的解读。

这也道出了培养人们对地方的地理好奇心的一大理由：它可以开拓眼界，促人思考。在许多外行人看来，撒哈拉以南非洲是一片规模中等、内部差异不大的空间，里面充斥着热带雨林、贫穷、疾病和部落制度，这便是一种常见的刻板印象。然而，从地理学的角度观察该区域，可看到其中巨大的地域差异：刚果盆地有热带

---

[11] 巴里·洛佩兹，生于1945年，美国作家、散文家和小说家，代表作《北极梦》，其作品以对人道主义和环境问题的关照著称。查尔斯·曼，生于1955年，美国记者和作家，专注于科学话题，代表作《1491：哥伦布之前美洲的新启示》。约翰·麦克菲，1931年生，美国普林斯顿大学教授，非虚构写作大师，代表作《控制自然》《与荒原同行》等。安德烈娅·武尔夫，生于1972年，英国作家、历史学家，代表作《创造自然：亚历山大·冯·洪堡的科学发现之旅》。——译注

雨林，纳米比亚则遍布沙漠，东非是热带稀树草原，开普敦则有地中海气候；这里有西非内陆的偏僻村庄，也有坦桑尼亚达累斯萨拉姆、加纳阿克拉、南非约翰内斯堡等充满活力的大都市；索马里生活着亚非语系的穆斯林，安哥拉西部有讲班图语（Bantu）的基督徒，南苏丹则有讲尼罗－撒哈拉语的传统土著宗教信徒。这样的图景足以引起人们对非洲多样性的关注，同时加深人们对非洲庞大体量的感知。彩图5纠正了墨卡托投影对非洲面积的缩小，可以看出，非洲的土地面积大于中国、印度、美国和西欧大部地区的总和。这幅地图常使初次看到它的人惊讶不已，说明关注地方和区域的地理特征具有重要意义。

缩小观察的尺度，对山峰、河谷、岛屿、城市、村庄和社区的地理描绘，也能极大激发人们对地球的好奇心和对其多样性的欣赏。这种好奇心不仅可以开阔视野，还促使人们思考各地的趋同与分异，从而推动认识的进步。为什么像尼泊尔、卢旺达这样的欠发达国家，取得的人类健康成果（更低的婴儿死亡率、更高的预期寿命）能够超过一些相对更发达的国家？为什么有些城市的扩张与降水量的下降有关，有些却无关？为什么同样是延伸公路网的决策，在美国会导致硅谷的农田大量流失，而在印度班加罗尔却不会？[12]

求得这些问题的答案并非易事，研究人员采用不同的数据，或从不同的理论角度，得出了不同的结论。但是实际上，能够提出这些问题已是颇有见地。例如，我们有必要探讨，制度因素是否优化了尼泊尔和卢旺达的医疗服务水平；我们需要质疑，城市扩张与降水之间是否真的存在直接的因果联系；我们还需留意，南加州城市与印度南部城市和周围环境的关系存在的差异。简言之，对地方间趋

---

12 这一问题来源于 Michael K. Reilly, Margaret P. O'Mara, and Karen C. Seto, "From Bangalore to the Bay Area: Comparing Transportation and Activity Accessibility as Drivers of Urban Growth," *Landscape and Urban Planning*, 92:1 (2009): 24–33。

同与分异的好奇心,会拓宽并丰富我们的研究;地理学通过对地点的关注,激发了这种思维习惯,这再次提醒了我们这门学科的重要意义。

对地方的依恋

人们不止会占据或到访一个地方,人们还会对地方产生归属感,从而影响其所思、所想、所为,甚至身份认同。许多人,也许是大多数人,至少会部分使用地理术语来定义自己:我是一个不列颠人、一个英格兰人、一个伦敦人。此外,大多数人不会以狭隘、机械的方式看待他们居住、工作和参观的地方;相反,人们发展出一种"地方感",这种感觉既富含情感又容易理解,因为它是建立在具体环境中的。法国巴黎作为一个地方的特殊意义,催生了限制建筑物高度的城市土地利用法规,以便与城中19

世纪的建筑风格相协调。在其他地方，规划开发住宅的目的是创造一个与人们的微妙地理感产生共鸣的空间，尽管这种地理感通常经不起推敲。对地方性格的强烈感受，刺激了文学、音乐、电影和艺术作品，甚至影响着人们迁徙到哪儿、选择旅行目的地、支持或反对某项发展倡议，以及一些影响空间特征的个人决定，例如确定个人或机构所有的花园、公园或建筑物的特征。

因此，把握地方的本质不仅需要考虑其外在特征，还需思考人们看待和体验地方的方式。1976年，多伦多大学地理学家爱德华·雷尔夫（Edward Relph）出版了著名的《地方与无地方性》，研究北美城市内部及周边地区样板商业街的扩散现象。[13]雷尔夫称这些商业街为"非地方景观"（placeless landscapes），因其无处不在，且无视其所在地的地方个性。作者引导我们思考，当反映人们

---

13 Edward Relph, *Place and Placelessness* (London: Pion, 1976).

微妙地理感和历史感的景观被随处可见、千篇一律的城市发展所取代，会是怎样的情形。对雷尔夫而言，无地方性的侵蚀，破坏了地表丰富的多样性，践踏了人们对所居之地的依恋与承诺。如果一个社区毫无个性，谁还会关心它呢？

雷尔夫对地方情感和心理维度的关注，对当代世界具有显著的意义。是什么怂恿开发商在供水紧张的沙漠都市郊区，建造环绕吸水草坪的大型独栋住宅？各扫门前雪的"邻避主义者"（NIMBYism）怎么会关心城市的低价住房短缺问题，又怎么会在乎垃圾堆放点是否处于环境脆弱地区？认真对待人们的地方感，是解决这些问题的先决条件。

从更大的范围看，国家对身份认同的强力塑造是当代世界十分重要的问题。1947年，英国将英属印度殖民地划分为一个印度教国家和一个穆斯林国家，即印度和巴基斯坦，分裂了原有的社会，使具有当代地缘政治、经济和社会意义的民族主义国家最终形成。近几十年来，许多最激烈的冲突即根源于重叠或矛盾的地理基础认同，譬如以色列和巴勒斯坦、乌克兰东部、车臣、斯里兰卡、苏丹、伊朗和伊拉克等等，不胜枚举。

当我们冷静下来，反思一些司空见惯的事情，譬如老生常谈的，我们生活在由"民族国家"（即由单一民族构成的国家）组成的世界里，这时，对地方认同程度的检视就变得十分重要了。"民族"（nation），是一个较易产生歧义的英文单词，因其含义多重且互相矛盾。有时，它是独立国家的同义词，如印度尼西亚国（nation of Indonesia）、联合国（United Nations）；有时，它表示土著社区，如原住民（First Nations）；有时，又用来描述企图独立建国的民族文化群体，例如库尔德民族（Kurdish nation）、巴勒斯坦民族（Palestinian nation）等。

民族国家的思想，植根于这个词的原始含义：有着共同历史、文化和认同感的人群，希望在一个独立的领土内自决其内部事务。18世纪末的法国大革命，鼓吹世界上所有的文化和历史人群，亦即最初意义上的世界各民族，皆应拥有自己的国家。法国是以法兰西人民的名义成立的。在19世纪和20世纪初，欧洲列国从民族主义运动中崛起：德意志人的德国，意大利人的意大利，罗马尼亚人的罗马尼亚，等等。但是，它们远非严格地理学意义上的民族国家。在这些国家的疆域内居住的人群，并非都认为自己是法兰西人、德意志人、意大利人或罗马尼亚人，因为还有其他很多民族同样生活在这些国度。

详细探讨民族与国家的复杂关系，超出了这本小书的范围。值得注意的是，民族国家的概念从一开始就是一种虚构的东西，随着欧洲殖民帝国的解体和现代全球政治格局的出现，它也变得更加虚无缥缈。将世界政区图上显示的单位称为民族国家，可能已成为一种惯例，但典型的现代国家往往是多民族、多文化的。

若要理解民族国家观念与实际情况之间存在差距的

本质和意义，需对身份认同与政治疆域之间的关系进行一番辩证的地理学思考。这种思考，揭示了民族国家概念的初衷，即希望本国的公民们视自身为由国家定义、并对国家绝对忠诚的群体。譬如，当一位尼日利亚领导人声称自己代表尼日利亚"民族国家"发言时，这便是他真正想表达的意思。然而，实际情况是，尼日利亚有300多个民族，其中最大的民族就有三个：豪萨族（Hausa）、约鲁巴族（Yoruba）、伊格博族（Igbo）。该国语言的多样性也异乎寻常，已被公认的语言有500多种；而国内伊斯兰化的北部与基督教化的南部之间，还有着深深的隔阂。

事实上，我们生活在一个由多民族国家组成的世界里，而非民族国家。这是一个看似简单、实则深刻的观点，若缺乏对身份认同的国土基础的辩证思考，便很容易无视其意义。日复一日，世界各地的新闻都在提醒人们政治组织空间与身份认同模式之间的脱节，这是当代世界的一大隐患。

我们忽视了它的本质与意义，只能自食其果。

对地方刻板印象的质疑

一个国家、一座城市、一个十字路口、一片生物区……若不借助某种空间结构，一切就无从谈起。然而，正如第二章所讨论的，媒体评论员往往用空间框架界定问题，进而影响对问题的理解；他们所隐藏的，正如他们所揭示的。这便是为什么，辩证地思考地方的描述方式是如此重要当一名政客，指责来自中东的移民，或一名记者，报道伦敦东区或芝加哥南区的犯罪率时，他们也在鼓励和固化对地方和区域的特定思考方式，这加深了人们对种族或民族的刻板印象。因此，重要的是，要批判性地看待这些空间框架的正当性和适用性，这也是地理学进行地方和区域分析的衍生产品。

辩证思考对地方的描述，也会动摇人们对于其本质的一贯看法，挑战地方被视为意义空间的方式。西悉尼大学地理学家凯·安德森（Kay Anderson）在对加拿大温哥华市中心附近"唐人街"地区的经典研究中，有力地指出了这一点。[14] 温哥华的唐人街，是19世纪末20世纪初中国移民的聚居地。通过质疑作为一个地方的唐人街的本质和意义，安德森的研究超越了人口学和建筑特征的层次。她指出，给这个地方命名，并视之为与周边环境不同的异质空间，正是在温哥华占主导地位的欧洲裔白人的种族观念与偏见的产物。这些观念与偏见引导了政府的政策和社会的习惯，这些政策、习惯又迫使中国人和中国企业涌入唐人街，限制了该地区居民的选择和机会，固化了人们对该地区肮脏、邪恶的印象，也固化

14　Kay J. Anderson, "The Idea of Chinatown: The Power of Place and Institutional Practice in the Making of a Racial Category," *Annals of the Association of American Geographers*, 77:4 (1987): 580–98.

了反映这一看法的实际情况。流行的看法认为，温哥华唐人街是一个中国的产物，其起源很简单，就是中国移民想要在国外聚居。但是，在综合考虑这个地方的性质之后，安德森质疑了这种观点。

再举一个空间尺度稍大的例子，思考一下当前将"伊斯兰世界"视为一个有意义的地缘政治实体的普遍趋势。人们常用的"伊斯兰世界"的称谓，不单指世界上伊斯兰教占主导地位的那一部分，它还意味着一个当前面临或即将出现的地缘政治节点。哈佛大学政治学家塞缪尔·亨廷顿（Samuel Huntington）在20世纪90年代出版的，关于"文明冲突"的若干有影响力的著作大大助长了这种思维方式。[15] 亨廷顿认为，20世纪主要的地缘断层线（fault-lines）其本质是政治意识形态的划分，亦即共产主义–独裁主义与民主制度–资本主义的对立；如

---

15 Samuel P. Huntington, *The Clash of Civilizations and the Remaking of World Order* (New York: Simon & Schuster, 1997).

今，这一断层线正被文化－宗教的断层线所取代，譬如伊斯兰世界与西方犹太－基督教世界的对立。

近年来，西亚、北非不同民族间爆发的冲突暴露了将伊斯兰世界视为统一的、准地缘政治行动者存在的问题。尽管如此，亨廷顿的观点仍有着广泛的拥趸，其影响之大有目共睹。2001年9月11日，基地组织发动对美国的袭击之后，这种影响真切确凿地被唤醒了。尽管萨达姆·侯赛因（Saddam Hussein）与基地组织之间存在根本分歧，伊拉克还是成为报复的焦点。伊朗和伊拉克被荒谬地归为"邪恶轴心"，尽管两国在十多年前还进行过长达八年的血腥战争。对伊拉克进行干预的理由之一，是阻止"从西班牙到印度尼西亚的激进伊斯兰帝国"的建立，其论据是，假定这片地区在社会和文化上有足够的共同点，那么，它形成统一的帝国也就成为一个可预见的现实。

这种思维方式仍未消失。美军退役准将、福克斯新闻台轮值评论员尼克·哈雷（Nick Halley，著有《恐怖主义：目标是你！——对激进伊斯兰教的战争》一书[16]）在巡回演讲中声称，伊斯兰世界对世界其他地区构成生存上的威胁。如果认识不到某些极端分子会以伊斯兰教之名行扩张主义之实，并视暴力为实现目标的合法手段，那就太幼稚了。不过，哈雷声称极端分子的人数超过1亿，这恐怕没有几个人会当真。但是，如果不了解伊斯兰教占主导地位的世界，以及建立统一战线所面临的障碍，人们又如何能看出极端分子是否真的会实现其企图呢？如果不反思一下"伊斯兰世界"作为独立地缘政治节点的地位，我们又如何能认识它呢？实际情况是，所谓的伊斯兰世界被根深蒂固的分歧层层割裂，不仅涉及与哈里发继承相关的教义问题（这是什叶派与逊尼派分歧的根源），还牵涉文化习俗、生活方式、政治意识形态

16　Nick Halley, *Terrorism: The Target is You! The War Against Radical Islam* (Self-Published, 2004).

和民族主义派系。不论政见如何，正视这类地理基础是严肃思考西亚、北非事态发展的前提条件。

很少有例子像上述案例那样一目了然，但对地方描述的批判性思考是揭露问题预设、质疑骇人的空间刻板印象的唯一方法。在西方刻板印象的穹顶之下，墨西哥全国皆是危险之境，撒哈拉以南非洲疾疫肆虐，加拿大北部荒无人烟，底特律市中心暴力横行。概言之，对地方的辩证地理思考，如同一道坚强的防线，抵御着对地表差异种种有心或无意的曲解。

结论

2007年，琳达·洛宝（Linda Lobao）和她的两位同事撰文指出，社会学对不平等问题的研究过于偏重国家尺度,而对问题的背景环境用心甚少。[17] 他们对地理基础及其影响的关心,正是地理学的核心关注点之一,也适用于许多其他领域。事情发生的地方,通常会影响发生的事情本身。提供税收优惠政策、吸引企业投资以促进经济发展的努力,可能在甲地产生积极的社会经济后果,在乙地却产生消极的后果,这取决于附近地区现有企业、当地就业机会与劳动条件、当地社区态度等诸多条件的综合。即便在河边放牛,也会受到植被、土壤、地形、水流等地方因素的影响,地理环境是何其重要。我们越多关注地理基础对自然与人文过程的影响,就越能理解地球潜在的多样性本质和意义。

17　Linda Lobao, Gregory Hooks, and Ann Tickamyer, eds., *The Sociology of Spatial Inequality* (Albany: State University of New York Press, 2007).

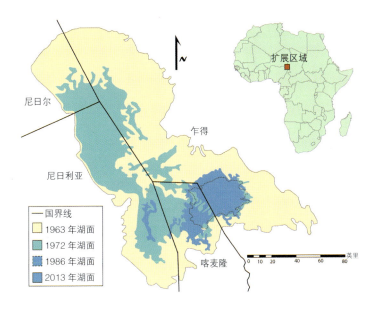

彩图1 急剧萎缩的乍得湖

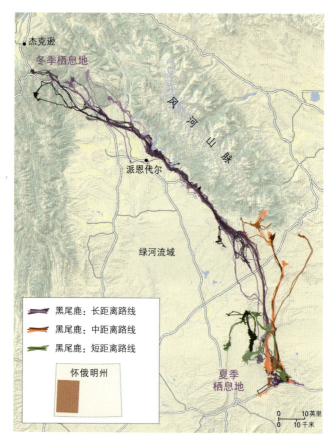

彩图 2 西怀俄明州的黑尾鹿迁徙走廊

平均降水量：近6000年
(基于孢粉数据重建)

模型（古气候模拟）

-500 -200 -100 -50 -20 0 20 50 100 200 500

彩图3　有助于完善气候模型的地图对比

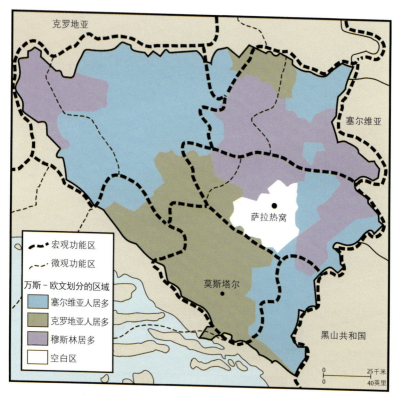

彩图 4　1993 年波斯尼亚和黑塞哥维那拟议分治计划的地理分析

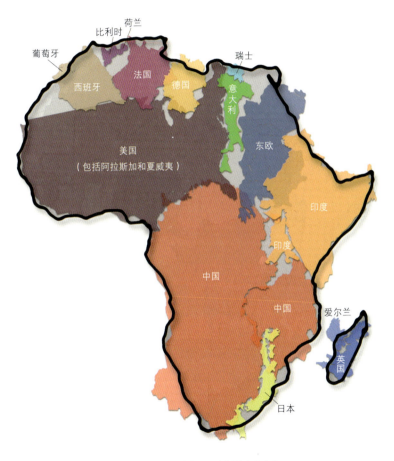

彩图 5 可视化技术展示非洲的真实大小

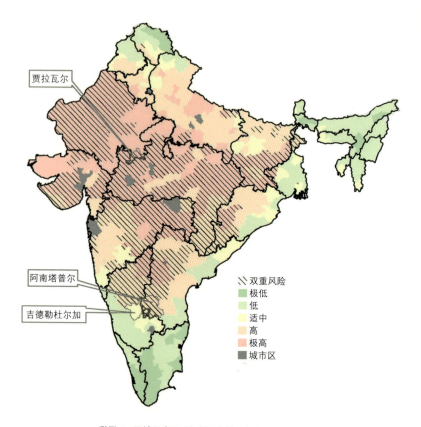

彩图 6 区域尺度下对气候及其他压力的应对能力

彩图7 2014年年初的乌克兰政局与民族语言状况

注：乌克兰的政治分裂反映了该国更深层次的文化分裂。在2010年总统大选中，反对派在乌克兰所有西部省份中获胜，这些省份大多讲乌克兰语而非俄语，多主张与欧洲建立更深的经济和政治联系。

第四章

自然与社会

* * *

几年以前，我与几位大学的同事参加了一次会议，讨论以欧洲德语区为主题，筹建一组新的跨学科系列课程。大家对课程的安排提出了一些很好的建议，如德语区的语言文学、历史、经济、政治、哲学、音乐课程等等。然而，在我发言之前，竟没有一个人提到自然环境、土地利用或生态挑战。尽管我提出的建议立即得到了采纳，但耐人寻味的是，在此之前，满满一堂高智商、高学历的学者，竟能在不考虑自然环境或人地关系的情况下，去思索认识地球的某一部分需要了解什么。

在当今世界，人类引起的环境变化正受到前所未有的关注，但将人类世界与自然世界区别对待的趋势依旧强烈。现代化的基础设施使大多数城市居民的日常生活脱离了自然环境,除了特别极端的情况,哪怕是一场大风暴,往往也只能引起一些小小的不便。自然被当作是某种外在的东西、一种偶尔远离城市的体验,而不是日常生活的一部分。很多大学将自然科学、社会科学和人文学科分开管理,院长们各行其是,教学科研章程互不相关,这加剧了学科间的疏离。在中小学,带学生到户外实地考察远不如从前那么普遍,而且课堂也越来越与外界隔绝。正如几年前,英国广播公司(BBC)广播制作人、作家蒂姆·迪(Tim Dee)在《纽约时报》上感慨的那样,"如今,自然小课桌(小学生们对在户外发现的自然物品进行展示和讨论的桌子)在学校已不受欢迎了。人们认为它不卫生,又不安全,还涉嫌违法"。[1]

---

[1] Tim Dee, "Our Bleak Exile of Nature," *New York Times*, May 1, 2015. 获取自:https://www.nytimes.com/2015/05/02/opinion/our-bleak-exile-ofnature.html

在这样的背景下，除了紧迫的环境问题需要讨论以外，人们很少关注社会与自然之间的相互关系，便不足为奇。然而通过地理学的思考，我们或许能改变这一趋势。我们尝试认识地表的变化特征，探索自然与人类的影响。关注一个地方的特征，譬如意大利的威尼斯，试着想一想，人们为什么会在潟湖中间的绝地上建立一座城市；当地的水文、地貌、文化和社会经济特征如何影响城市发展，它又面临哪些自然与人文挑战。这座城市的景观，它的建筑、街道、运河、广场和小巷，其特征与结构，如同一部大书，向我们诉说古今交错间威尼斯城的故事。

应对自然与社会的交互活动是一大挑战，因为天平的两端皆极其复杂，且适用于理解自然世界与人文世界的理论和方法之间有着很大差异。由于未能认识其复杂性，20世纪初的一些学者，包括专业的地理学家，接受了自然环境决定文化与社会成就的观点，即所谓的自然环境决定论。这种思维方式引发出一系列耸人听闻的简单化的、反历史的、通常是种族主义的世界观,例如,断言热带地区的人民懒惰,难成大事,只因自然环境驱使他们如此。当地理学家和其他有识之士开始更深入思考自然与社会的关系时,他们中的绝大多数放弃了这种思维方式,但在过去的 75 年里,仍有一些没拿过地理学学位的人士时不时提出这种观点;这说明地理学的研究还是相当重要的。[2]

自然环境决定论被否定之后,许多地理学家开始只沉浸于自然世界或人文世界。尽管如此,作为一门从根本上关心地方性质、关注地理分布差异的特征与结果的学科,地理学不能长期忽视自然与社会的关系;近几十

---

[2] 例如,参见 Robert D. Kaplan, *The Revenge of Geography: What the Map Tells Us About Coming Conflicts and the Battle Against Fate* (New York: Random House, 2012), 以及 David S. Landes, *The Wealth and Poverty of Nations: Why Some Are So Rich and Some So Poor* (New York: W. W. Norton & Company, 1999)。

年来，这方面的地理研究蓬勃发展。事实上，在传统学科中，当代的地理学可以说是最热衷于探索地表自然与人文过程相互关系的学科。

可以肯定，许多自然科学家和社会科学家都在努力跨越人文与自然之间的鸿沟。譬如，环境化学家研究人类造成的污染对水质的影响，森林生态学家试图了解人类行为如何影响森林动植物多样性，环保领域的法律学者也在努力制订可减少化石燃料燃烧排放的规章制度。然而，类似这些弥合人文与自然间鸿沟的努力，并未使地理研究变得无足轻重，因为地理学提供的视角和技术可用于探索自然与人文的相互作用，研究在地表展现出的空间和物质特征，并激发人们对地方和生态系统的综合性思考。

三种独立又交叉的学科关照，是地理学研究人文与自然交互活动的核心。其一，是对自然与社会关系分布及关联模式的研究，源于地理学的空间传统，我们在第二章已讨论过。其二，源于对特定环境、特定地方如何影响自然与社会关系的兴趣，是地理学对地方关照的结果，我们在第三章讨论过。地方的人文与自然环境变化如何影响别处、或受别处影响，对这类问题的兴趣，代表了地理学研究自然与社会关系的第三个关照。它亦使人们注意，界定问题的空间或尺度如何影响了对问题的理解。

分布与格局研究

面对南非与蒙古的异常干旱、马尔代夫上升的海岸线、世界大部地区创纪录的高温、极地冰盖的迅速消融，我们这个时代的一大挑战是探明气候变化将如何影响地表的各个部分。基于对气候系统的认识，绘制各地受气候变化影响差异的地图，是十分有用的，它可以使我们知悉，哪些地区更易受洪水、干旱和极端温度的威胁。然而，对于地理学的分布与格局研究而言，制作地图只是刚刚破题，气候变化的危害不仅仅是自然环境变化的产物；人类社会和相关制度的特征也同样重要。

在此背景下，地理学在空间变化方面的深度参与就显得十分重要。有些地方应对气候变化后果的条件要比其他地方好得多。这些地方更为富有，因而有更好的恢复能力；它们的经济体灵活多样，能更好地应对压力；其政府机构运转高效，受人尊重；现有的基础设施使它们在应对气候变化时，有一个良好的开端。如果我们想了解不同地方应对气候变化时的脆弱程度，对这类因素的考虑就是至关重要的。这便是奥斯陆大学的卡伦·奥布莱恩（Karen O'Brien）和罗格斯大学的罗宾·莱琴科（Robin Leichenko）等几位地理学教授进行的印度不同农业社区应对气候变化的脆弱性研究所做的事情。³他们考察生物物理、经济、社会和技术因素的分布情况,制作出一幅复合地图(彩图6),显示这些因素的交叉对各地脆弱性的影响格局。譬如,该图认为,在不同条件下经营多种作物的地区,具备更强的气候变化应对能力,而在新自由主义改革的压力下,依赖单一作物和大规模出口农业的地区则不然,影响其主要作物的气候变化可能会产生灾难性的后果。图中还显示,由于农业经济在进口商品竞争中格外脆弱,一些地区还面临"双重风险"的问题。

该研究所做的分析,凸显了地理学深度关注分布与格局问题的价值。事实上,生物多样性和生态系统丧失的所有威胁,都表现出独特的、往往是发人深省的空

---

3 K. O'Brien, R. Leichenko, U. Kelkar, H. Venema, G. Aandahl, H. Tompkins, A. Javed, S. Bhadwal, S. Barg, L. Nygaard, and J. West, "Mapping Vulnerability to Multiple Stressors: Climate Change and Globalization in India," *Global Environmental Change*, 14:4 (2004): 303–13.

间格局。例如，分析污染物在地理空间中的扩散对认识其对自然系统的影响是必不可少的。大多数对干旱与饥荒高风险区的预测、对洪水原因的分析、对森林管理实践的评价，都需要以地图数据分析为基础。研究某种植物群的空间分布变化有助于深入了解气候变化、林业经营、除草剂使用等造成的影响。

不过，制图本身并非最终目的。分布与格局研究的真正意义，在于谨慎而创造性地思考，什么现象应被制成地图，地图如何表现现象，以及图上内容揭示了怎样的关系。这便是学习地理真正重要的地方。地理学的训练，不仅仅是熟练操作制图软件，它学习的是如何提出关于格局和分布的好问题。这些问题不仅仅有助于实用，譬如，在哪里修路能尽量减少对野生动物迁徙的影响；这些问题还要能促进被忽视但十分重要的人地关系思考。正是此类研究促使学者和热心人士前往探究大批少数民族社区面临的严峻困境，因为政策和人类活动造成的后果，使他们暴露在日益严重的环境威胁之下。对这类问题的关注，使一些具有地理感的媒体评论员成为"环境正义"运动的重要贡献者，该运动旨在解决由种族主义或古典主义的态度和做法导致的不同社区环境利益与负担的不平等分配问题。[4] 对边缘化社区面临的环境挑战进行地理信息评价，有助于唤起人们对歧视的环境维度的关注，环境正义研究，也是当前许多高校地理课程的内容。

地理格局和分布研究已成为人类与环境关系研究的一个关键领域，催生出一些重要的跨学科研究计划，譬如美国的土地变化科学计划。[5] 正如美国地质调查局网站

---

[4] 例如，参见：Laura Pulido, "Rethinking Environmental Racism: White Privilege and Urban Development in Southern California," *Annals of the Association of American Geographers*, 90:1 (2000): 12–40。

[5] B. L. Turner, Eric F. Landin, and Anette Reenberg, "The Emergence of Land Change Science for Global Environmental Change and Sustainability," *Proceedings of the National Academy of Sciences of the United States of America*, 104:52 (2007): 20666–71.

所述：

> 地球表面由自然景观和文化景观拼合而成。从相对原始的自然生态系统，到完全由人类控制的城市和工业区，每一块景观都是一个复杂多样且相互联系的景观体系的组成部分。这些模块不是静态的，而是随自然现象与人类活动变化，发生规律性的改变。为更好地认识这些变化及其相关影响，一个新的研究领域诞生了：土地变化科学。[6]

地理学家在土地变化科学的倡议中发挥了主导作用；这是地理学的分布与格局分析帮助人们认识自然与社会关系的一个很好的例子。

---

6 United States Geological Survey, *Land Change Science Program* (website, December 2, 2016). Available at https://www2.usgs.gov/climate_landuse/lcs/.

地方如何影响人类与环境的互动

在20世纪,许多科技突破来自于人们对特定问题的钻研,譬如,如何在电池中储存能量、如何对人类基因组进行排序等。然而,专业化趋势也可能有其不利的一面,它可能与应对复杂人文与自然挑战所需的更全面的思维方式背道而驰。对于地理背景,亦即地方的本质和意义的关注,对激发综合性的思维方式起到了重要作用。

吉尔伯特·怀特(Gilbert White)对美国洪泛区居民定居点的开创性工作,就是一个很好的例子。[7] 在20世纪初,洪泛区管理多被视为一种工程问题;因此,越来越多的水坝和河堤被建造起来,以便让更多的人在洪泛区

---

7 Gilbert F. White, *Human Adjustment to Floods: A Geographical Approach to the Flood Problem in the United States* (Chicago: University of Chicago Geography Research Series no. 29, 1945).

居住。而怀特的地理学禀赋使他怀疑，仅仅将洪泛区管理视为技术问题的做法是否明智。在他看来，洪泛区是一个复杂系统，需要的是以调节和适应为重点的管理方法。因此，他提倡不鼓励在高度脆弱地区定居的政策，取而代之的是关注人与自然因素之间的平衡。在此过程中，他促进开辟了一个新的研究领域，即灾害地理学，如今这已是一个欣欣向荣的地理学分支学科。可悲的是，尽管在卡特里娜飓风过后，新奥尔良等地的惨痛经历似乎证明了怀特洪泛区管理方法的明智，但其中的教训常常很快就被人遗忘了。

怀特倡导的综合性地理思维的意义，可推广到自然与社会互动的各个方面。20世纪80年代初，东盎格利亚大学地理学家皮尔斯·布莱基（Piers Blaikie）在处理发展中国家的土壤侵蚀问题时，对当时的主流观点产生了怀疑。当时人们认为，土壤流失的原因可完全归结于管理不善、人口过剩或生态环境变化。而通过对尼泊尔案例的地理研究，布莱基认识到还有其他因素也在发挥作用，最明显的是经济和政治压力，它会驱使贫困农民走向坡度更陡的土地，在那里的耕作，会使土壤遭受严重侵蚀。[8] 布莱基的工作，是政治生态学这一新兴领域发展的催化剂，它激发对此问题感兴趣的人们去思考，地方和区域呈现的政治经济布局，如何塑造了生态的后果。

过去三十年，对各种人文与自然环境问题的研究已经证明了认真对待地理环境的重要性。例如，亚利桑那大学地理学家戴安娜·利弗曼（Diana Liverman）着手研究了墨西哥索诺拉州（Sonora）和普埃布拉州（Puebla）两地的条件是否在农民抗旱斗争中发挥了显著作

---

8 Piers Blaikie, *The Political Economy of Soil Erosion in Developing Countries* (Abingdon, Oxon: Longman Scientifc and Technical, 1985).

用。⁹ 她发现，降雨量的减少不能充分解释为什么某些地区的农业损失高于其他地区；相反，她的结论是，损失往往是由于缺乏灌溉技术、忽视土地利用规划造成的，这导致当地农民无法控制土地的使用方式，也无法参与土地利用的决策。最近在其他地方的研究，证实这一观点的广泛适用性。

循此线索进行的研究自始至终表明，如果不考虑不同地方的制度、经济格局、社会环境与文化规范，就无法充分解释农业人口和食品生产系统在应对气候变化、

---

9 Diana M. Liverman, "Drought Impacts in Mexico: Climate, Agriculture, Technology, and Land Tenure in Sonora and Puebla," *Annals of the Association of American Geographers*, 80:1 (1990): 49–72. 索诺拉州位于墨西哥西北部，面积18万平方千米，人口266万，境内多山，北部多沙漠，夏季气候炎热，干旱缺水；普埃布拉州是墨西哥中部偏东的一个内陆州，面积3.4万平方千米，有东马德雷山脉形成的肥沃谷地，人口稠密。——译注

经济震荡与经济衰退时的脆弱性。[10] 因此,我们质疑过于简单化的概括,譬如预设气候变化的压力将直接导致世界欠工业化地区爆发冲突。科罗拉多大学的地理学家约翰·奥洛夫林(John O'Loughlin)和他的同事们多年从事撒哈拉以南非洲的武装冲突研究,揭示了此类预设的谬误;他们表示,与气候压力相比,当地的冲突与经济和政治因素的关联更为紧密。[11]

认真看待地理环境,还可以唤起人们关注违背环境可持续性的人类行为。在人类历史长河中,有一些城市的发展与周边自然环境的联系微乎其微,譬如亚利桑那

---

10 例如,参见:Hallie Eakin, Alexandra Winkels, and Jan Sendzimir, "Nested Vulnerability: Exploring Cross Scale Linkages and Vulnerability Teleconnections in Mexican and Vietnamese Coffee Systems," *Environmental Science & Policy*, 12:4 (2009): 398–412。

11 John O'Loughlin, Frank Witmer, Andrew Linke, Arlene Laing, Andrew Gettelman, and Jimy Dudhia, "Climate Variability and Conflict Risk in East Africa, 1990–2009," *Proceedings of the National Academy of Sciences of the United States of America*, 109:45 (2012): 18344–9.

州的凤凰城、卡塔尔的多哈。当代世界对环境问题更加敏感，这促成了一些改变，但在其他许多地方，人们才刚刚开始认真对待城市形态与自然生态环境相脱节的问题。今天，世界各地众多快速发展的新兴城市的都市景观，反映出人们对现代化国际都市抱有相似的想象与愿景，而且，人们还普遍认为，城市发展的类型象征着权力与名望。无论当地的自然环境如何，同样的建筑师、同样的建筑结构和景观设计一遍又一遍地出现。

影响这些城市发展及景观效果的理念基本是无地方性（placeless）的，我们先前讨论过的文化地理学家爱德华·雷尔夫用过这个词，它的意思是脱离当地环境。其结果是，城市的发展与周围环境不协调：想一想凤凰城周围的大草坪、哈萨克斯坦阿斯塔纳壮观的喷泉、迪拜海岸郁郁葱葱的岛屿……所有这一切，都与它们所处的沙漠环境格格不入。若想以有效的办法改变这种态势，我们需要新的思维方式，它源于地理学对地方的深度参与，并伴随着地方政治愿景的逐渐转变。

跨空间与尺度关联

几年前，韩国部分地区干旱，引发对农作物产量下降的担忧。韩国主要财团之一的大宇集团，与马达加斯加政府签订了一份确保粮食安全的合约，占用了马达加斯加岛近半数的耕地。[12] 随后，该合约引发马达加斯加爆发了极具破坏性的暴动，并且很可能导致了随后该国总统的罢免。距此事件几年以后，中国人愈发认识到核桃对健康的益处，导致核桃需求激增，进而促使加利福尼

---

12 关于此事件的来龙去脉，参见 William G. Moseley, Eric Perramond, Holly M. Hapke, and Paul Laris, *An Introduction to Human–Environment Geography: Local Dynamics and Global Processes,* (Hoboken, NJ: John Wiley & Sons, 2013)。

亚中央山谷北部的土地利用发生剧变，原先的荒地和专门种植其他作物的土地都被改造为核桃园，影响了当地的用水、土壤侵蚀和劳动力供给。

以上及其他很多例子表明，认识人与环境的互动，需要考虑跨越地理空间的联系。在一个地方发生的事情，经常受到其他地方事情的影响。追溯这些联系的意义再次提醒我们地理学思维的价值，它强调将个别事件和情况置于更广泛的条件和事件网中。将过去20年中国温室气体排放的激增视为中国全力促进内部发展战略的产物似乎很容易理解；然而，还需要知道，西方国家将生产外包给中国，随之而来的是高污染工业区位的转移导致中国成为碳排放的热点区域，这也很重要。[13]

13　Joshua Muldavin, "From Rural Transformation to Global Integration: Comparative Analyses of the Environmental Conditions of China's Rise," *Eurasian Geography and Economics*, 54:3 (2013): 259–279.

追溯并分析跨空间关联,对认真应对环境的可持续性挑战至关重要。想想过去几十年风靡欧美的本地有机食品运动。该运动希望促进本地农场的可持续发展,削弱商品农业霸权,以减少易损耗的有机食品长距离运输对环境造成的影响。尽管初衷值得称赞,但当该运动的追随者开始呼吁各国政府限制来自发展中国家的有机农产品时,他们在某种地理意义上的短浅目光就表现得很明显了。几年前,土壤协会即参与这种呼吁,该协会总部位于英国,致力于在本国倡导有机、可持续的农业。然而,玛卡莱斯特学院(Macalester)的地理学家威廉·莫斯利(William Moseley)在《旧金山纪事报》上撰写的一篇评论文章引起人们注意到一个易被忽视的问题。[14] 如果欧

---

14 William G. Moseley, "Farmers in Developing World Hurt by 'Eat Local' Philosophy in US," *San Francisco Chronicle*, November 18, 2007. 获取自:https://www.sfgate.com/opinion/article/Farmers-indeveloping-world-hurt-by-eat-local-3301224.php

洲和北美停止购买来自非洲、墨西哥和中美洲的有机农产品，这些地区的农民将别无选择，只能转向生产密集使用杀虫剂和除草剂的大规模出口作物，从而对环境和社会造成更严重的负面影响。如果连这些联系都考虑不到，就不可能制定出能为人类和环境带来净正面效益的政策。

地理学对人类与环境问题的关注，需要探明联系地方与地方之间的网络与交流，研究一个地方的生产与消费行为如何影响另一个地方的人文与环境互动。它还意味着，需要从批判性的角度，审视分析与解释自然和社会互动的空间尺度框架。这个问题很重要，因为在人文与环境议题中，经不起推敲的地理框架几乎俯拾皆是。有无数的论文和评论提到中国的空气污染问题、撒哈拉以南非洲的人口压力、亚马孙河流域的生物多样性丧失、阿拉斯加冰川萎缩，以及"南部地球"（Global South）在全球气候谈判中的作用。然而，每个问题都带有一个特定的、通常是经不起推敲的空间界限，它掩盖的问题几乎与揭露的问题同样多。空气污染不会在中国的国境线上自动停止，造成它的原因也不能仅归结于中国，而且中国国内各地污染程度的差异也很悬殊。尽管大多数冰川正在后退，但阿拉斯加确实有一些冰川正在前进，不过，如果跳出阿拉斯加，去审视更大尺度的自然过程，少数冰川的前进并不能否认地球变暖的命题。"南部地球"，除了是一个在地理上不准确的术语之外，它还带有一种感觉，即罗盘上的一个方向，与一些特定的社会政治和经济特征有关，这种讨论框架确有一些环境决定论的意味；实际上，"南部地球"是非常多元的，其国家、区域与城市在气候变化谈判中的立场也大异其趣。[15]

---

15 对"南部地球"这个诨号的批评，参见 Alexander B. Murphy, "Advancing Geographical Understanding: Why Engaging Grand Regional Narratives Matters," *Dialogues in Human Geography* 3:2 (2013): 131–49。

如果我们注意一些地理学的预设，就很容易理解，对一个地方的社会和环境有意义的事情，到另一个地方未必有意义。都市农业（urban agriculture）是世界上许多工业化程度较低城市的普遍做法，优点很多。以坦桑尼亚的达累斯萨拉姆为例，大型都市农场为人民提供了绿色、凉爽的社交空间，人们在农场里交流新闻、谈论问题，那里也是政治集会的场所。那里种植健康、营养丰富的水果蔬菜，且有利于其他产业的发展。都市农场是农户的收入来源，也为小吃店、杂货店等相关行业提供就业机会；农场小径遍及全城，人们普遍认为，这些道路更加安全，能远离犯罪；它使劳动者们产生自立感与自豪感。[16]

---

16 以上引自：Leslie McLees, "Intersections and Material Flow on Open-Space Farms in Dar es Salaam, Tanzania," in Antoinette WinklerPrins, ed., *Global Urban Agriculture: Convergence of Theory and Practice between North and South* (Wallingford, UK: CABI International, 2017): 146–58。

尽管如此，像达累斯萨拉姆这样的城市，仍竭力减少市内种植水果蔬菜的土地面积。这反映了源于欧美的观念的影响，即认为大规模的都市农业是落后的标志，是阻碍现代城市繁荣发展的障碍。即便是抵制这种逻辑的西方人，也常常对达累斯萨拉姆市内的农场嗤之以鼻，因为它不具有人们所习见的、整齐有序的外观。缺乏地理学倡导的思维方式，将仅适用于某个地区的城市化标准，在未经认真考虑的情况下，应用于其他地区的城市规划决策，便很容易削足适履，对外来标准不合本地利益之处视而不见。

从某种意义上讲，在世界较贫困地区促进社会经济发展和环境可持续性的努力，往往胜少败多，因为所谓放之四海而皆准的措施往往会在遇到当地情况时，造成始料未及的后果。举一个广为人知的例子：哥伦比亚大学教授杰弗里·萨克斯（Jeffrey Sachs）鼓吹的"千禧村"(Millennium Villages)项目,引导大量资金和基础设施建设涌入肯尼亚的德尔图(Dertu)和其他村庄。然而,满怀期待的开始之后,该项目却最终损害了传统的生产生活方式,它吸引许多新移民迁入城镇,破坏了城镇作为游牧民中转站的功能。《理想主义者:杰弗里·萨克斯和终结贫困的探索》(*The Idealist: Jeffrey Sachs and the Quest to End Poverty*)一书的作者尼娜·蒙克(Nina Munk)在接受采访时表示:

> 如今,人们真的生活在肮脏的环境中,这是我第一次来这里时从未见过的。简陋的棚屋拥挤在一起,人们用那种恶心的聚氨酯袋子对小屋修修补补,这种袋子在非洲随处可见……密密麻麻的棚屋之间,污水横流,厕所里不是污水四溢,就是被堵塞了,没有人负责维护。沟里垃圾如山。看到这

些,我心如死灰。[17]

在我们愈发紧密联系的世界里,地方间相互联系的方式有着深刻的社会和环境影响。理解这些影响,需要认真研究地理变化,并仔细聆听不同地方人们的见解。略显讽刺的是,地理学曾长期将地方性知识边缘化,但是,随着与地方和环境紧密相连的地理学思想日益成熟,这种的立场的问题也愈发明显。在将来,地理学或将与人类学一道,形成一种新的现代学科,它和本地的价值观与见解步调一致。舍此,则很难避免地球上复杂而严峻的社会与环境冲突。

---

17 引自 Michael Hobbes, "Stop Trying to Save the World," *New Republic*, November 17, 2014。获取自:https://newrepublic.com/article/120178/problem-international-development-and-plan-fx-it

结论

将自然科学、社会科学与人文学科割离的陈规旧矩,意味着我们跨学科的工作还是太少了。在大学里,自然科学部门与社会科学部门维护着学科的界限,各自为政,很少实行跨人文与自然的训练项目;学科内部科研文化的惰性,使研究人员总是认为自己所处的位置是非此即彼的。越来越多的证据表明,人类正加速改变我们赖以生存的环境,学科割裂情况也逐渐发生变化。然而,鉴于现实情况的严重性,需要来自不同背景、拥有不同视角的人们共同努力,才能应对时局。

现代地理学,只是这些工作中的一环,但也是非常重要的一环。它对空间分布的关注,提供了一种组织、显示和分析信息的方法,可揭示事态之发展;它以地方为基础的视角,促进了对人文与自然相互关系的思考;它对环境的关注,有助于深入认识特定地点环境状况对环境过程的影响；它坚持提出批判性的问题，思考我们如何、并且在多大程度上割裂了世界，关心各种自然与社会问题应对方法的优劣高下。用地理学思考，需要用开放的心态看待生物物理、人类等各种环境驱动力；这些力量塑造了构成地球的地方与空间，也被地方与空间再次塑造。在这个危若累卵的世界里，人类的支配欲和贪欲日益膨胀，地理学思维方式正是当下之人所亟需的。

第五章

为什么我们都需要地理学

* * *

地理学的价值,不仅在于它对科研、决策和规划工作做出了实质性和分析性的贡献。这一学科在培养民众智识、参与感与充实感上,也发挥着重要的基础作用。一些受过地理学高等教育的学生,毕业后会到中小学或大学教书。其他人则运用在地理系学到的思想、观念、技术,从事各行各业的工作。或许也有人只是发现,学习地理使他们更加理解自己在世界上的位置,他们为世界之繁复绮丽感到兴奋,对萍水相逢之人、未曾涉足之地感到好奇。无论如何,地理教育都非常重要,地理学及相关思维方式的熏陶可使人们看到大千世界的丰富与多样,这有助于开启民智,使人认清当前的状况,洞察未来的机遇。

不妨试想一下,如果教育体系中缺少了地理学将会发生什么。可能永远不会有人要求学生了解世界如何以环境、政治和文化组织建构。学生们也不会将景观视为认识人文与自然过程的窗口。人们不会思考,自己所在地的空间组织与客观特征和别处相比有何异同;也难以深入了解GPS、GIS、电子地图、遥感等日益普及的地理空间技术的潜力与局限。学生们可能永远不会懂得地图如何被用来表达信息或歪曲信息;也不会被要求思考自然与社会之间的深层次联系,或是开发智能工具,认识或质疑与环境相关的政治主张和政策提议。

当然,要想领略地理学的宝藏,还需抛开"地理学就是记住地名"这样对学科的肤浅认识;这种认识在普通大众中仍是令人头痛的普遍现象,甚至在政界,由于地理学对差异和多样性的关注带来的是复杂性,有时甚至被故意按上冷板凳。然而,考虑到地理学能够促进对大千世界的认识、丰富人的生活、推动公民社会和行政决策、促进理解和应用日益流行的地理空间技术，要证明地理教育的重要性也并非难事。

促进认识更广泛的世界

在我们这个高度互联的时代，大多数人对其他地方都有所了解。但我们究竟知道多少呢？这是一个严肃的问题。以地理学的视角看，这一问题可从几则坊间笑谈中窥知一二。有不少人认为，非洲是一个国家、泰国人来自中国台湾，也不知道安第斯山脉在南美。流传更广的一则故事是，2006年罗珀（Roper）国家地理学会的调查显示，美国18～24周岁的人当中，只有1/10的人能够正确地把阿富汗放在世界地图上，还有一半的人认为苏丹位于亚洲。[1] 可叹的是,英国和加拿大的受访者也无更出色的表现,尽管这些国家的课程更重视地理学。甚至人们常说的(尽管来历不明)"战争是上帝教美国人学地理的方式"这样的说法也站不住脚了。在同一项调查中,63%的美国年轻人在地图上找不到伊拉克,尽管三年前美军刚刚入侵过伊拉克,尽管每天的新闻伊拉克都不会缺席。

像英美这种有全球影响的国家,竟有相当大比例的国民对基本的地理位置知之甚少,显然有点匪夷所思。事实上,倘若没有一点基本的地名知识,就根本无法严肃讨论世界上发生的事情。然而,将地理学被忽视的问题化简为对地理位置的忽视,可能会强化上文提到的将学科简单等同于记地名的观点。其实,就全球地理意识

---

1 Roper Public Affairs and National Geographic, *2006 Geographic Literacy Study* (New York: GfK NOP, 2006). 获取自:https://media.nationalgeographic.org/assets/fle/NGS-Roper-2006-Report.pdf

而言，关于位置的知识可能没那么重要，更重要的或许是，譬如，印度尼西亚拥有世界上最多的穆斯林人口；亚马孙流域是世界上最大的生物多样性基地；欧盟是美国最大的贸易伙伴；温暖的海水会使飓风更加强烈；冰盖消融会提升海平面；南非是夏天的时候，欧洲是冬天；单一民族国家几乎不存在，等等。

上述几个地理学基本问题，似乎只是一些琐事，但正如人们只有了解基本的历史事实，才能理解人类发展演变的历程一样，这些"琐事"对于理解人类所处的自然与人文环境，是同等重要的。当今之世，万物互联，不理解地球的环境、社会、政治和文化构成，就像被关在一幢大楼的地下室里，大楼的整体大小、结构、形态，楼上的房间是什么样的、怎么布局的，皆一概不知。概言之，地理格局和过程的某些基本问题有助于我们理解地球、认清事态与进展所发生的背景。

地理意识的增强,还能提高公众的知情权,敦促媒体和政府在应对全球问题时,提供更优良的新闻报道和政策报告。2014年年初,乌克兰冲突爆发后,几乎没有评论文章在第一时间对相关的历史、民族和领土背景提供一针见血的见解。只有一个例外,即《纽约时报》国际版的报道,并附有相关地图(彩图7)。这幅地图由一位显然具有地理学背景的图片编辑德里克·沃特金斯(Derek Watkins)编绘而成,深刻剖析了困扰该国的种种分歧因素:乌克兰东部和西部的分裂,正是发生在乌克兰语区和以俄语为主的地区的分界线;分裂态势与亲俄领导人维克托·亚努科维奇(Victor Yanukovych)掌权的选举之间的关系;以及乌克兰与其他国家的关系。如果没有几个普通读者有能力欣赏这种地图提供的各种见解,并理解和诠释它,那么制作这种地图的动机就会消失。反之,一个受过地理教育的民众就以一己之力,抵制了对全球复杂事态的评价日渐肤浅的态势。[2]

地理学的熏陶,还能激发人们对其他民族、地方和景观的兴趣与好奇。有无数的故事说,孩子看了一本地图集,或读了对另一个地方的地理描述后,激发了想象力。随着这些孩子对环境、文化、社会、经济的地理差异的了解,许多人对地球的多样性会愈发感到惊喜,并能从更大的背景出发,把握自己所在的地方。他们求知欲旺盛,当目光投向别处时,他们开始思考,世界如何、为何如此姿态万千。

拓展地理好奇心的价值,怎么说都不过分。它不仅激发人们在头脑中构筑自然与人文的世界图景,促进对差异的欣赏,还减少了人们对其他地方和其他人群的

---

[2] 关于这一点,参见:Daniel Hallin, "Whatever Happened to the News?" (Center for Media Literacy, n.d.)。获取自:http://www.medialit.org/reading-room/whatever-happened-news

刻板印象。地理学为我们提供了工具，去思考从别处看世界的样子。它使我们更加认识到社会与自然的坚韧与脆弱。

必先认识，乃生关切，是人之常情。若脑中对亚马孙与阿富汗是一片空白，怎能指望人们关心前者的滥砍滥伐，抑或是后者的常年冲突呢？世界上大多数人的日常生活都深深地与世界其他地方纠缠不分，人们吃的食物、穿的衣服、登录的网站、呼吸的空气，无一不是如此。如果一个地方和她的人民，能够由表及里地将自己呈献给世人，那么世人就不会视之为乌有之乡，而会将其看作一处奇妙之地，一个有温度、有感情的血肉之躯。在这样的背景下，地理意识不是一种奢侈，而是有思想、有爱心、有责任心的生活的必需品。

丰富人们的生活

沉浸在地理中,也给个人带来意义;它将人们与周围的环境更紧密地联系起来,并赋予生活更大的意义。在世界各地,人们在手机上花费的时间越来越多,在电脑上工作、娱乐、玩电子游戏、看短视频。这些事情,或许能让人们认识和理解一些外面的世界,但正如加里·瓦维尔(Gary Varvel)精彩的漫画中讽刺的那样:被带到户外后,一个小男孩说,"哇,我在电脑游戏中见过这个"。[3] 过去几十年的技术革命,其代价是牺牲了对真实环境的直接体验,以及与他人的面对面接触。我们才初尝到发展的成果,但已有越来越多的证据表明了它们的负面影响:抑制了人们对自然外观与气味的敏感性,减弱了冒险精神,引

---

3 参见加里·瓦维尔 2007 年 7 月 23 日发表的漫画,获取自: http://www.cartoonistgroup.com/store/add.php?iid=19562

出更深的孤独与忧郁。

当今教育界，还有谁会鼓励学生爬上一棵树，环顾四周，对这个星球及其在宇宙中的位置感到好奇？谁还会为草地上生长的各色植物惊叹不已？是否还有人会在后街和小巷里徜徉，在溪流涉水，或在度假时前往旅游景点以外的地方探险？是谁在向飞机的舷窗外探望，而不是匆匆拉下遮阳板？谁又会花时间离开自己熟悉的地方，探索一片未知的邻里或街巷？可以肯定，总有人喜欢做这些事情，只是他们都快灭绝了。[4]

地理学教育并不能扭转这一趋势，但它能产生一些积极效果。许多地理课程都非常重视如何解读景观告诉我们的自然和人文过程，有些还包括田野调查，目的

---

[4] 例如，参见：Selin Kesebir and Pelin Kesebir, "How Modern Life Became Disconnected from Nature," *Greater Good Magazine*, September 20, 2017. 获取自：https://greatergood.berkeley.edu/article/item/how_modernlife_became_disconnected_from_nature

是提高学生的观察技能，提高他们对物质环境特征的认识。地图学、GIS和遥感课程，可激励学生思考和探索地表的自然与人文格局。学习自然地理，可激发人们对自然万物的兴趣与思考——从为什么会有风，到塑造地貌的各种力量。对人文地理的探索，可培养好奇心，探究文化模式、城市组织和经济社会过程的景观效应。以人地关系为重点的课程，可提高对各种问题的认识，譬如环境态度如何影响土地利用决策、洪泛区建筑的原因与潜在后果等。对遥远地区的地理研究，可激发对其他地方的兴趣，鼓励学生了解别处的生活。

重点是，地理学得好，学生就有能力在身体和心理上戳破那层禁锢思维与经验的窗户纸。学习地理可丰富人的生活，正如学习哲学、史学或文学一样。诚如古希腊人所说，教育的目的，不仅是传授实用技能；尽管地理学有着丰富的实用技能，但它还可以增强人的智力、社会性和心理健康，通过培养好奇心、兴趣和对习见之物的欣赏，来丰富人们的思想。你可以头脑空空地走在大街上，只关心怎么走路；或者，你也可以环顾四周，思索沿途的景观，品味建筑的特征，琢磨人群的聚散。你只需打开水龙头就能得到水，不过你也可以想一想水是从哪来的，目前这样的用水量是可持续的吗？当你俯瞰山谷，欣赏美丽的景色，是否也会思考一番，这山谷如何形成、为什么山两侧的植被不太一样？山谷所处的位置与相应的人文格局，是否促进或阻碍了人们的迁徙？

加深对地理的认识和欣赏，人们便会对万事万物多一分思考。它激发人的智力和好奇心，鼓励人们以一种严肃、负责任的态度生活。因此，地理学是一门活到老学到老的学问，这也正是通识教育的初衷之一。

推进公民社会和行政决策

如前几章所述,地理的视角和分析方法可用来应对很多紧迫的政治、社会、经济和环境问题。然而,如果地理学的见识只局限于少数经验丰富的专业人员,就会严重限制该学科对政策制定过程的潜在贡献,不利于我们创造出一个更好的世界。如果没有广大科学家、政府官员、知识分子及其他接触地理学、用地理学思考的人们,就很难从本书阐述的地理思维出发,制定有效的政策。人们关心空间格局,关心各地环境差异的深层含义,关心影响地方发展的跨空间互联,关心自然与社会的互动,以及问题的地理框架如何影响概念的形成。以上这些,正是地理教育想要培养的思维习惯。

1961—1968年任美国国防部部长的罗伯特·麦克纳马拉(Robert McNamara)在1995年出版的回忆录中展示了地理思维的重要意义。麦克纳马拉将越战的灾难部分归结于美国政治精英对越南历史、文化和政治的"极端无知"。[5] 20世纪60年代,冷战的多米诺骨牌效应传到越南,使该国深陷其中,胡志明政权的共产主义倾向成为人们的主要关注对象。但是,研究过当地的政治地理之后,一个不容忽视的情况是,经历了一个世纪的欧洲殖民和日军占领之后,东南亚国家的民族主义情绪高涨。是否有人注意过这些呢?是否有人重新思考过越南的冷战意义?同样的,军事战略家们是否愿意扪心自问,假如自己生活在一个地缘政治理论上毫无意义的村庄里,却被美国大兵视为死亡和毁灭的罪魁祸首,这是什么感觉?是否有人反思过这次军事行动,看到那些拿起武器,抵抗所谓"外国侵略者"的美国大兵们,他们的坚定不移、百折不挠,难道不令人感到惊骇吗?没有

---

[5] Robert S. McNamara, *In Retrospect: The Tragedy and Lessons of Vietnam* (New York: Times Books, 1995).

人能回答虚构的问题，但这些问题中包含了地理教育鼓励的思维方式。

近年来，我们目睹地缘政治景观的结构性剧变：中东动荡和恐怖主义，俄罗斯复兴与中国发展，气候变化引起世人聚焦北极，欧洲统一变数增大，从巴基斯坦到菲律宾等国的突发性政治剧变……这些变化都源于具体的地理环境，由各种结盟和贸易关系形成，它们影响着世界各地的彼此联系，这需要我们知晓地理位置；它们反映了人类分割与利用地表的不同观点，这需要我们认识地理思维的差异。若缺乏地理视角，甚或是地理格局的基本知识，应对这些地缘政治变化的努力将不可避免地陷入困境。

此外，不应将地理的素养限制在政、学精英的身上。一个强大的公民社会，依赖于一个个有见识、有参与感的普通民众。由于对气候系统运转、对地表当前发生的重要生物物理变化缺乏认识，人们才会在"一次寒潮就能证明气候没有变暖"这样的说法面前,感到无所适从。如果不了解朝鲜与邻国的地理态势,就难以评价该国军事与经济对策可能造成的后果。对地理的普遍无知意味着无人识破公众人物、媒体、博客作者和所谓专家的误导性言论。想想那些将某些行业的失业归咎于环境法规或移民的说法,这些说法不会提到来自其他地方的竞争,也不会考虑机械化和运输方式的创新对商品生产地和生产方式的变革。

以上,是地理教育可在公众领域做出的另一大贡献。它有助于增进彼此的了解。这种说法可能听起来有些奇怪,因为地理学曾经的服务对象是寻求控制海外土地的殖民帝国。然而,从现代的角度看,地理教育需要考虑的是,以不同地方人们的视角去看待世界将意味着什么。这种思维方式将使对其他人、其他地方的故意诋毁变得更加困难,而这正是避免冲突的第一步。

促进地理空间技术的理解与应用

近几十年来,有着深厚地理学基础的技术革命应运而生。最明显的是,地理信息系统已成为一种愈发普及的工具,应用于土地利用规划、景观建筑、建筑设计、环境评价与管理、应急响应部署、空间基础科研等多个领域。全球定位系统,以及谷歌地图(Google Map)、微软虚拟地球(Microsoft Virtual Earth)等线上地图,从根本上改变了人们获取方向和寻找目的地的方式。还有一些线上地图应用程序,使任何拥有计算机的人都可以向数据库提供地理信息;例如所谓的"自发地理信息"(Volunteered Geographic Information,简称 VGI[6])活动,

---

6 这个名字是迈克尔·古特柴尔德(Michael Goodchild)起的,形容每个人都参与进来,创建、编辑和传播地理信息。Michael Goodchild, "Citizens as Sensors: The World of Volunteered Geography," *GeoJournal*, 69:4 (2007): 211–21。(古特柴尔德是美国科学院地理信息科学院院士,加州大学圣巴巴拉分校地理系教授,最早提出地理信息科学的概念,在空间分析领域有重大建树。——译注)

有助于我们加深认识偏远地区的实际情况。

这些技术的发展，说明普及地理基础教育还有一个令人信服的理由：它有助于人们认清21世纪地理空间技术环境的优势与局限。我们从GIS开始说起吧，由于GIS应用的迅速普及，掌握该领域技能的人会享有巨大的就业机会；因此，在地理学科以外，也有许多讲授GIS的课程，这不奇怪。然而，GIS分析的质量和实用性，取决于供分析的空间数据类型的选择、对各数据层权重做出的判断，以及对各数据层分辨率的确定。在这种情况下，GIS输出的分析结果并不仅是"真实世界"的再现；如第二章所述，它们是思考和判断的产物，其中的各个环节都需要检视与评估。

建设性地辩证思考GIS的优点与局限需对空间数据、空间分析有很好的理解，对空间框架抱有批判性的认识，对可能影响分析结果的尺度的选择方式要有足够的敏感。这些，都是受过良好地理教育的人拥有的特质。人们当然可以在正规的地理课程之外掌握GIS，但却不会像地理学一样，关注、强调这些问题。GIS分析通常会生成有助于理解过程和选项的地图。但遗憾的是，许多此类地图在叙事上含混不清，在视觉上寡淡无味。然而，接受过地图学、地图设计等传统地理学核心课程训练的人制作的这种地图，却可能非常有用，甚至能产生巨大的影响力。

彩图2是一幅地图，它描绘出了清晰的、令人过目难忘的怀俄明州野生动物走廊的图景。在地理学家和野生动物学家的合作下，这幅地图成功地吸引我们关注那些对重要物种的长期健康与生存状况至关重要的领域。该图已广泛传播，并在一部与怀俄明州野生动物协会联合制作的著名短片中出镜。[7] 该图使人们认识到保护美国

---

7 可在怀俄明州野生动物协会网站上观看这部短片：http://migrationinitiative.org/content/red-desert-hoback-migration-assessment

西部野生动物走廊的重要性，可能还成为一个契机，促使特朗普在执政初期出台了罕见的几项环境保护政策：美国内政部法令，呼吁研究、保护西部各州大型野生动物的栖息地和迁徙走廊。[8] 该法令特别要求，以先前的怀俄明州迁徙方案为基础，实施野生动物保护战略，而怀俄明州的此项倡议，正是在诸如彩图2这样的可视化技术的支持下，取得了显著而深远的影响。精通地理可视化效果的GIS从业人员未来必将大有可为。

我们再来看看GPS和线上地图平台。每年都有人抱怨说，自己跟着线上地图（比如说谷歌地图）的导航走，结果走进了死胡同，或者迷路，或者发生更糟糕的事。譬如，有一则发生在英国莱斯特郡（Leicestershire）的故事：几年前，有位女士驾车去参加一场洗礼，跟着GPS导航乱走一通，驾车上了一条河畔小路，但河水上涨，

---

8 美国内政部，第3362号令（2018年2月9日）。获取自：https://www.doi.gov/sites/doi.gov/fles/uploads/so_3362_migration.pdf

小路被水淹没了。最后,女士成功从车里逃生,但96000镑的奔驰车却泡汤了。[9] 再举个更普通的例子,盲目相信谷歌地图导航,可能会在伦敦潮湿的晚上把毫无防备、东西向行驶的骑车人引上泰晤士河畔狭窄、阴暗、拥挤的纤道,原因是在愉快的周末下午,这些纤道很吸引游人。

在缺乏地理教育的情况下,人们很容易将地图当作对事实的简单描述,但实际上,地图像其他由人生产的信息产品一样,在特殊的时效性信息上很容易出错。令人欣慰的是,如今,各色地图比从前流行得多,因为在计算机环境中,地图更易生成和操作。因此,地图普及也就提高了地理教育的筹码。电影研究是在制作和观看电影愈发普及的时候才开始出现的。个人计算机革命

---

9 Andy Dolan, "£96,000 Merc Written Off as Satnav Leads Woman Astray," *Daily Mail*, March 16, 2007. 获取自:http://www.dailymail.co.uk/news/article-442730/96-000-Merc-written-satnav-leadswoman-astray.html

带来了计算机研究的蓬勃发展。由于地图现已成为日常生活的一部分，显然有必要发展对地图的评价与鉴赏，不仅因为这能促进人们的交流，而且因为这样能使人们明白选择与偏好在地图制作中所起的作用（正如第二章所述）。

地理教育还能弥补当前在城乡之间普遍使用 GPS 带来的一些弊端。虽然 GPS 很有用，但它只关注路线本身，不关心景观的整体组织，以及路线所经过的地方。大多数 GPS 的输出端不显示地形，也不表现目的地与其他有趣地方的关系。因此，GPS 排斥考虑周边环境。[10] 由于具有明显的地理特征，GPS 反倒可能背叛地理学的思想。地理学的熏陶可提高对这类局限的认识，并鼓励人们努力克服。比如，我们可以找一些老式的路线图，查阅地图册，或上网看看周围环境等。

---

10 John Edward Huth, *The Lost Art of Finding Our Way* (Cambridge, MA: Harvard University Press, 2013).

随着维基卫星地图（Wikimapia.org）、移动地图（MapAction.org）、开放街道地图（OpenStreetMap.org）等线上地图平台的发展，更多的非专业人士为自发地理信息（VGI）做出了贡献，填补了我们思维中的很多空白。这些努力，已对灾害救援（帮助应急救援人员寻找地震后安置点）、人道主义援助（提供难民流动模式和亟需一揽子援助的地点信息）、公共卫生检测（快速报告疾病爆发的准确地点）等工作产生了重大影响。人们对地理学与地理空间技术的了解越多，就越愿意为这些工作做出更多的贡献。

尽管地理空间技术具有广阔的发展前景，但也带来了重要的隐私问题。大多数使用计算机技术和信用卡的人留下了海量的地理编码信息，这些信息可供政府机构和营销公司建立大型的个人信息数据库。人们可能在毫不知情的情况下被跟踪，成为营销产品的广告目标，个人活动模式信息的泄露则可能会给自己带来不利的影响。应对这种状况，需要设计能降低滥用信息风险的加密协议，需要更好地了解对个人隐私的最大威胁来自哪里，以及如何配置地理空间技术，以保护敏感信息。于是，地理教育的重要性再次凸显了，因为要解决这些问题，需要更多深谙地理学思维方式、精通地理空间技术的人员加入进来。

结论

教育有许多目的，包括传授推动社会进步所需的知识与技能，使学生能终身适应不断变化的世界，并给他们的生活赋予更多的意义。地理学对这一切皆有重要贡献。它帮助人们看清周围世界的组织与特征，理解影响自身生活的技术。地理学的见识可帮助学生理解周围发生的变化，并学习如何使用工具，评价、适应这些变化。地理学拓宽了人的眼界与心胸，让人们看到大千世界的丰富与神奇；它提高了人们对地方与环境特征的认识与关注；它还培养了好奇心，好奇心本身就是有益的。简言之，地理学是一把钥匙，帮助我们理解这个愈发拥挤、脆弱、紧密联系和瞬息万变的世界。

尾声

* * *

　　过去两千年，地球的地理特征发生了剧变。火山爆发有时几乎将一些岛屿夷平，有时也会使一些地方的陆地面积增加。中世纪暖期改变了欧洲的生物地理格局，使在更北的地区种植作物成为可能。船舶设计的创新引发了东西半球间大规模的人员与物资交流，并大大减少了东半球人口所占的比重。铁路，以及后来汽车的发明，导致人口格局的巨大变化，改变了城市的规模与布局，重塑了生产与消费的空间组织。

　　研究过去两千年的地理变化，我们可以学到很多，这些变化造就了当代世界，但我们不能就此止步。相当多的变革是在近几世纪，甚至是近几十年展开的。如今，我们生活在一个短时间就会经历重大变革的世界里，而且几乎可以肯定，在未来的几年和几十年里，变革的速度仍会加快。自然环境正以肉眼可见的速度被改造，地缘政治格局不停地变化，城市爆发式扩张，人与地方之间的联系不断重建，新技术的发展与传播迅速改变着我们生活与交流的方式，甚至改变了我们思考自身及自身所处环境的方式。

当今之世，想要理解不断发生的变革，需要在许多不同的方面付出巨大的努力，想要建设性地参与其中则更需如此。但是，地理学一定是这种努力的重要组成部分，因为被改变地理特征的正是地球本身。对于正在发生的变化，我们已积累了海量的数据，但如果世界上的大多数人都对地球的地理特征及其变化知之甚少，我们就很难号召人们去做一些事情。试想，如果学生和研究人员缺乏分析的视角和工具，以评价地方与区域不断变化的空间组织与物质特征；或者，决策者和规划人员没有能力以地理学的方式思考问题，不懂得以博学而批判的方式思考地理格局、考虑事情原委、认识地理环境对事物的影响，那么，当变革来临时，我们该是何等无所适从。

想一想地理学思维对第二章结尾提到的移动和互连革命的重要意义：在未来近二十年的时间里，大多数传统的家用汽车和货车，将被互联的（connected）、自动化的（automated）、共享的（shared）、电动的（electric）CASE车辆所取代。我们将看到，街道上行驶的都是共享的车辆，这些车辆将在比今天车道更窄的数字轨道上行驶，在没有路缘的街道上移动。如果技术人员的推断是准确的，拥有私人汽车将越来越不经济，未来的汽车将比现在的传统汽车更安全、更易维护。

这种变革显然会带来最直接的连锁效应。街道和人行道的形态将会改变；多数加油站都将消失；汽车工业将彻底改头换面；石油工业将大幅萎缩。然而，若我们就此止步（遗憾的是，许多关于CASE的讨论确实止步于此了），我们对未来的了解仍将非常有限。

2017年，在哥伦比亚大学召开的美国地理学会关于移动未来的专题研讨会引起人们关注CASE和相关进展更广泛、更长期的后果，包括公共交通组织、土地利用、市政财政、空气质量、就业机会、城市增长模式、地方间互连等方面的变革。这些变革有可能从根本上改变城市的空间组织，影响贫富格局、经济活动组织、社区人口和民族构成、日常活动模式，甚至影响人们的地方感。以上各议题本质上都是地理学问题，本书中讨论的各种地理学视角和工具对于理解这些问题，并以建设性的方式影响其发展都是至关重要的。

把握当前变革的本质，而非简单地预测，需要我们具备地理学的思维能力，对地球不断变化的地理环境保持敏感。我们无法承受因缺乏地理见识而四处碰壁的生活，不关心人、环境、地方之间的组织联系，不懂得细致和辩证地看待事情发生的地点和原因，难以认清地理背景对环境过程和人类事务的影响。这些关照对21世纪的发展至关重要;对地理学的理解与欣赏不是一种奢侈,而是创造更加宜居、可持续、公正与和平的地球之关键所在。

推荐书目

一个简短的推荐书目很难体现出地理学的广博与生命力,但下列书目能使一般的非专业读者更好地理解通过地理视角看待世界意味着什么。该书目分三大类:专业地理学家撰写的地理通论,专业地理学家撰写的地理专题研究,以及由非地理学家撰写的、能反映地理学思想的著作。

地理学家撰写的地理通论

Danny Dorling and Carl Lee, *Geography* (London:

Profile Books, 2016). [中译本：（英）丹尼·道灵、卡尔·李：《书写地球》，王艳、彭娅译，成都：四川人民出版社，2017]

该书作者是两位著名的英国地理学家，主要研究地理学如何反映和塑造全球化、地域分异和可持续性。通过对学科既往传统和未来前景的评论，本书对地理学的基本特征和追求的目标做了很有价值的阐述。

Susan Hanson, ed., *Ten Geographic Ideas that Changed the World* (New Brunswick, NJ：Rutgers University Press, 1997). [中译本：（美）苏珊·汉森编：《改变世界的十大地理思想》，肖平、王方雄、李平译，北京：商务印书馆，2009]

该书没有纵观整个地理学，而是用十个章节介绍了十个有影响力的地理概念和实践。围绕地图、地方感和人类适应等主题，展示了地理学对人类思想的贡献。

National Research Council, *Rediscovering Geography*：

New Relevance for Science and Society (Washington, DC: National Academies Press, 1997). [中译本：美国国家研究院地学环境与资源委员会、地球科学与资源局重新发现地理学委员会编：《重新发现地理学：与科学和社会的新关联》，黄润华译，北京：学苑出版社，2002]

随着对地理学重要性的认识不断加深，本书概述了地理学在社会关键问题的研究中所采用的思考、研究方式和工具。本书提高了地理学在美国的影响力，为随后美国国家研究委员会的研究奠定了基础（参见第一章，注2）。

地理学家撰写的专题研究

Harm J. de Blij, *Why Geography Matters More Than Ever* (Oxford: Oxford University Press, 2012).

哈姆德布利吉（Harm de Blij）用生动、清晰的文笔告诉读者，从气候变化到中国崛起，再到中东的动荡，地理学为认识各种全球问题提供了一个重要的窗口。该书还强调地理环境如何影响世界各地人民的生活与命运，这也是作者上一本书的主题（即 *The Power of Place：Geography, Destiny, and Globalization's Rough Landscape* [Oxford：Oxford University Press, 2008]）。这与托马斯·弗里德曼的"扁平世界"论形成鲜明对比（参见第二章，注2）。

Mona Domosh and Joni Seager, *Putting Women in Place: Feminist Geographers Make Sense of the World*（New York：Guilford Press, 2001）.

这本深刻的著作开启了以性别思维和实践思考地理分布与思维的先河，为无数后来者所效仿。本书帮助地理学摆脱了长期由男性占主导的定位，对历史与地理的旁征博引使它成为一部经久不衰的佳作。

Andrew Goudie and Heather Viles, *Landscapes and Geomorphology: A Very Short Introduction* (Oxford: Oxford University Press, 2010).

著名自然地理学家古迪和维尔斯为我们奉上的生动、丰富的自然景观演变概况,其内容从地表的陆地到大洋底部,再到火星和泰坦星。此书主要关注地质、气候、人类等交叉力量在景观变化中的作用,显示了透过地理视角看待自然世界意味着什么。

Martin W. Lewis and Kären Wigen, *The Myth of Continents: A Critique of Metageography* (Berkeley: University of California Press, 1997). [中译本:(美)马丁·W.刘易士、卡伦·E.魏根:《大陆的神话:元地理学批判》,杨瑾、林航、周云龙译,上海:上海人民出版社,2011]

刘易士和魏根揭露了那些被认为是理所当然的划分世界的方法,它们通常被用来解释世界。他们要求读者细心而辩证地思考这些划分所隐含的地理预设，在这个过程中，我们明白了为什么谨慎的地理思维是如此重要。

Mark Monmonier, *How to Lie with Maps*, 2nd ed. (Chicago：University of Chicago Press, 2014). [第1版中译本：（美）马克·蒙莫尼尔：《会说谎的地图》，黄义军译，北京：商务印书馆，2012]

在这部经典著作的再版中，蒙莫尼尔对地图的使用和滥用，进行了有趣又深刻的评价。该书向读者发起挑战，要求读者将地图视为思想、观念和偏见的产物，而不是对客观现实的呈现。

Laurence C. Smith, *The World in 2050*：*Four Forces Shaping Civilization's Northern Future* （New York：Dutton, 2010）；英国版名为：*The New North*：*The World in 2050* （London：Profile Books, 2012）。[中译本：（美）劳伦斯·史密斯：《2050人类大迁徙》，廖月娟译，杭州：浙江人民出版社，2016]

考虑到人口、环境和资源问题将在未来几十年重塑北极和世界其他地方，史密斯运用地理学的工具和技术适时地展望了未来。该书提供了一个极好的例子，说明一个专门从事水文学、冰川学和遥感研究的地理学家，如何利用自身的综合技能促进我们对地球家园更广泛、更综合的思考。

Yi-Fu Tuan, *Space and Place*：*The Perspective of Experience* （Minneapolis：University of Minnesota Press, 1977）. [（美）段义孚：《空间与地方：经验的视角》，王志标译，北京：中国人民大学出版社，2017]

段义孚促进了我们对地理学人文维度的认识，巧妙地表明了地理学的两大核心问题——空间与地方不仅仅是可以抽象建模和描述的现象，它们是人类经验的基石，需要我们感性地去理解。

非地理学家的地理著作

Jared Diamond, *Guns, Germs, and Steel：The Fates of Human Societies* （New York：W. W. Norton & Co., 1997）.［两种中译本：（美）贾德·戴蒙：《枪炮、病菌与钢铁：人类社会的命运》，王道还、廖月娟译，台北：时报文化出版企业股份有限公司，1998年第1版、2015年第2版。谢延光译本，上海：上海译文出版社，2000年第1版、2014年修订版、2016年修订版第2版；上海：上海世纪出版集团，2006］

一部虽有争议，但精彩绝伦的著作，旨在证明不同文明的成功与失败概源于地理环境的不同，而非智力或道德的差异。

David R. Montgomery, *Dirt：The Erosion of Civilizations* （Berkeley：University of California Press, 2012）.［中译本：（美）戴维·R. 蒙哥马利：《泥土：文

明的侵蚀》，陆小璇译，南京：译林出版社，2017]

对土壤与文明之间关系的全面阐述，揭示了文明如何使用、滥用土壤，使地球最重要的一种自然馈赠遭到破坏。

Saskia Sassen, *The Global City*: *New York, London, Tokyo*, 2nd ed. (Princeton: Princeton University Press, 2001). [中译本：（美）丝奇雅·沙森：《全球城市：纽约、伦敦、东京》，周振华译，上海：上海社会科学院出版社，2005]

以地理学的敏感性讨论了网络、资金流转和劳动力流动如何影响全球城市发展，并对城市形态、社会稳定和可持续性产生影响。

Andrea Wulf, *The Invention of Nature*: *Alexander von Humboldt's New World* (New York: Knopf, 2015). [中译本：（德）安德烈娅·武尔夫：《创造自然：亚历山

大·冯·洪堡的科学发现之旅》,边和译,杭州:浙江人民出版社,2017]

透彻描述了洪堡这位现代地理学先驱的生活与工作。

索 引

（页码为本书边码）

A

阿富汗 Afghanistan 24—5, 112, 116

阿拉伯地理学家 Arab geographers 18, 60

艾布·莱哈尼·比鲁尼 Al-Biruni, Abu Rayhan 19

爱德华·雷尔夫 Relph, Edward 76—7, 101

澳大利亚 Australia 47, 52

B

巴基斯坦 Pakistan 24, 77, 123

巴吞鲁日，路易斯安那州 Baton Rouge, Louisiana 45

板块构造 tectonic plates 10

孢粉分析 pollen analysis 33—4

保护 conservation 55

北非 North Africa 4, 83—5

北极 Arctic 123

北美 North America 7, 36, 50, 53, 56

彼得·乔丹 Jordan, Peter 38

冰川 glaciers 15, 39, 104−5

波斯地理学家 Persian geographers 18−19, 60

波斯尼亚和黑塞哥维那 Bosnia and Herzegovina 38−9

博科圣地 Boko Haram 2−4, 7

C

采采蝇 tsetse fly 5

长江 Yangtze River 50

城市 cities 10, 15, 17, 37, 41, 43−5, 51−2, 54, 59−61, 63−4, 74−7, 81−2, 85, 89, 96, 100−1, 105−6, 119, 129, 133−4, 136

 也见城市形态；城市扩张；城市化 urban form; urban sprawl, urbanization

城市化 urbanization 106

 也见城市 cities

城市扩张 urban sprawl 74−5

 也见城市 cities

城市形态 urban form 55, 100

 也见城市 cities

尺度（地理学概念）scale, geographical concept of 13, 27, 36, 46−51, 92, 101−9, 126

冲突 conflict 1−3, 6, 25, 35, 38, 49, 70, 78, 83, 100, 114, 116, 125

脆弱性 vulnerability 28, 35, 68, 92−4, 99, 143−4

D

达累斯萨拉姆，坦桑尼亚 Dar es Salaam, Tanzania 73, 105−6

大陆漂移 continental drift 19,

大学 universities 20−2, 87−8, 96, 110

    也见教育机构 institutions, educational

大洋 oceans 24, 56, 60, 88

大宇集团 Daewoo Group 101−2

戴安娜·利弗曼 Liverman, Diana 99

德尔图，肯尼亚 Dertu, Kenya 107

德国 Germany 16, 20−2, 79, 87

德国地理学家 German geographers 20−2

德里克·沃特金斯 Watkins, Derek 115

等级 class 15, 42, 95

堤坝 levees 97

地方 place

  地方感 sense of 12, 15, 75, 77, 136

  作为地理学概念 geographical concept of 4−5, 8, 12, 14−17, 60−86, 90−2, 97−101, 108−9, 111, 121, 134

地方感 sense of place 12, 15, 75, 77, 136

地理 geography 8, 13－15, 20－2, 27－30, 90, 95, 110－12, 118－21, 123－6, 128－9, 131

地理背景 geographical context 5, 14－15, 18, 66, 68, 86, 97－100, 105, 108, 114, 121, 130, 135－7

地理多样性 diversity, geographical 8, 73－4, 77, 80, 86, 110, 112, 116

地理格局/模式 patterns, geographical 8, 13－14, 16－17, 25, 27－9, 36－9, 95－6, 114, 119－21, 123, 135－6

   环境 environmental 4, 8, 14, 32－3, 54, 91－6, 111

   活动 activity 10, 15, 50, 59, 67, 131, 135－6

   社会经济 socio-economic 20, 32, 91－6, 135

   文化 cultural 14, 15, 25, 35, 37－8, 54, 80, 114－15, 119, 136

   消费 consumption 50

   政治 political 7, 15, 24, 53－4，也见 boundaries

地理好奇心 geographical curiosity 9, 64, 70－5, 115－19

地理技术 geographical techniques 12, 27, 29, 91, 131

地理考古学 geoarcheology 12

地理可视化 visualization, geographical 14, 28, 128

地理空间技术 geospatial technologies 23, 111－12, 125－31

地理空间技术 techniques, geographical 12, 27, 29, 91

地理事实 geographical facts 12－13, 17－9, 25, 85, 113－14, 123

地理无知 geographical ignorance 113, 123–4

地理想象 geographical imagination 53, 115

地理想象 imagination, geographical 53, 115

地理信息科学 Geographic Information Science (GISci) 28

地理信息系统 Geographic Information Systems (GIS) 28, 36, 111, 119, 125–8

地理学方法 Methods, geographical 27–9, 89

地理语言学 geolinguistics 12

地名 places names 23, 57, 111–13

地图 maps 9, 11, 17–19, 24–6, 28–9, 32, 34–7, 42–3, 55–7, 73, 95, 111, 125, 128–30, 133

    脆弱性 vulnerability 92, 93–4

    可达性 accessibility 42–3, 57

    民族的 ethnic 25, 63

    生境的 habitat 12, 127

    政区的 political 38–9, 53–4, 57, 79, 112–13, 115, 134

地图设计 map design 55, 127

地图投影 map projections mapping 6, 18–19, 35, 37–9, 57, 94–5, 111, 125, 128, 130

地图投影 projection, map 56–7, 73

地图学 cartography 18, 29, 115, 119, 127, 129

    也见制图 mapping

地缘政治 geopolitics 7, 24, 38−9, 49, 55, 57, 77, 82−5, 115, 122−3, 134

帝国 empires 16−19, 79, 84

第四纪 Quaternary era 34

蒂姆·迪 Dee, Tim 88

东亚 East Asia 7, 56

都市农业 urban agriculture 105−6

毒品 drugs 51

多哈，卡塔尔 Doha, Qatar 100

多琳·麦西 Massey, Doreen 67

E

俄罗斯 Russia 22, 24, 26, 49, 115, 123

F

法国 France 7, 22, 48, 53, 75, 79

法学和理学 law and geography 12

非洲 Africa 1−8, 49−50, 52, 56, 60−3, 70, 73, 83, 85, 92, 100, 103−4, 107, 112, 114

分布研究 distribution, study of 14, 20, 27−8, 32, 35, 37, 91−6

风俗 customs 17, 71

凤凰城，亚利桑那州 Phoenix, Arizona 100−1

G

干旱 drought 3, 7, 14, 92−4, 99−101
　　也见降水 precipitation
隔离 segregation 15, 37, 61−4
古罗马 Romans, ancient 18−19
古希腊 Greeks, ancient 16−17, 60, 119
谷歌地图 Google Maps 125, 128
规划 planning 11, 63, 106, 110, 125
国家地理学会 National Geographic Society 112
国家、民族 nation 78−80
国家职能 states, role of 2−3, 7, 20, 52−5, 77−80

H

哈尔·莫尼 Mooney, Hal 11
海平面上升 sea-level rise 10, 114
韩国 South Korea 42, 101−2
和平 peace 137
河流 rivers 10, 17, 37, 41, 50, 53, 64, 86, 97, 118, 128
　　也见洪水 floods
赫尔，英国 Hull, United Kingdom 46−7
洪泛区 floodplains 97−8

洪水 floods 17, 43, 45, 50, 92, 94, 119

后结构主义 post-structuralism 27

湖泊 lakes 33-4, 43-4

(互联的、自动的、共享的、电动的) 车辆 CASE (connected, automated, shared, electric) vehicles 135-6

怀俄明州野生动物协会 Wyoming Wildlife Initiative 127-8

环境背景 environmental context 1, 8, 18, 25, 45, 69, 87, 89, 101, 114, 116-19, 132, 137

环境变化 environmental alterations 2, 4-5, 9, 57-9, 103, 109, 134

也见人地关系 human-environment relations

环境地理学 environmental geography 13, 15, 20, 23, 40-1

环境管理 environmental management 124-5, 127

环境过程 environmental processes 23

环境决定论 environmental determinism 90, 105

环境可持续性 environmental sustainability 36, 100, 103, 106-7

环境可持续性 sustainability, environmental 36, 100, 103, 106-7

环境问题 environmental problems 9, 39, 45, 52, 58

环境正义 environmental justice 96

火灾 fire 45, 65-7

J

基地组织 Al-Qaeda 83

基督教 Christianity 80

吉尔伯特·怀特 White, Gilbert 97 8

疾病 disease 5, 14, 32, 36—7, 40, 69, 73, 85, 130

　　也见健康 health

加里·瓦维尔 Varvel, Gary 117

加利福尼亚州 California 75, 102

加拿大 Canada 45, 53, 82, 85, 113

降水 precipitation 4, 17, 34—5, 43, 65, 74—5, 99

　　也见干旱 drought

郊区 suburbs 47—8, 77

教育 education 20, 118—21

杰弗里·萨克斯 Sachs, Jeffrey 107

金伯利和大卫·兰格朗 Lanegran, Kimberly and David 61

经济地理 economic geography 27, 32, 39, 48, 93, 119

经济活动 economic activities 10, 20, 124, 136

经济情况 economic circumstances 4—5, 7, 41, 43, 46, 50, 70, 77—8, 98—100, 105, 121

经济信息 economic information 26

景观 landscape 6, 28—9, 71, 76, 89, 96, 100—1, 111, 116, 118—20, 123, 125, 129

聚落格局 settlement patterns 6, 17, 20, 98, 135

军事 military 3, 5, 122, 134

K

卡尔·李特尔 Ritter, Carl 20

卡伦·奥布莱恩 O'Brien, Karen 93

开放街道地图 OpenStreetMap.org 130

凯·安德森 Anderson, Kay 81-2

科莫湖 Lake Como 49

克罗狄斯·托勒密 Ptolemy, Claudius 19

刻板印象 stereotypes 72-3, 81, 85, 116

空间变化 spatial variation 6, 31, 36, 40-5, 68, 108

空间表现 spatial representations 26, 58-9, 81-5, 104-5, 121-2

空间（地理学概念）space, geographical concept 14-15, 21-2, 27, 29, 21-59, 92, 101-9, 121

空间分析 spatial analysis 33-59, 125-9, 134

恐怖主义 terrorism 2-4, 7, 84, 123

L

劳伦斯·史密斯 Smith, Laurence 43-4

冷战 Cold war 57, 122

历史学家 historians 15–16

历史学科 history, academic discipline 15, 21–2, 87, 119

联合国 United Nations 69, 78

琳达·洛宝 Lobao, Linda 86

琳达·麦克道尔 McDowell, Linda 67

领土 territory 24, 26, 32, 53, 58, 78–80, 115

流域 watersheds 50

路易斯安那州 Louisiana 44–5

旅游 tourism 61, 71, 118, 128

罗宾·莱琴科 Leichenko, Robin 93–4

罗伯特·麦克纳马拉 McNamara, Robert 122

M

马达加斯加 Madagascar 102

马克思主义 Marxism 27

媒体 media 24, 29, 71, 114, 124

美国 United States 7, 21–2, 44–5, 49, 51–2, 57, 73–5, 81, 83, 97–8, 102–3, 112–13, 122–3, 127

美国地理学会 American Geographical Society 136

美国地质调查局 US Geological Survey 96

美国国家研究委员会 National Research Council 11

民族国家 nation-state 78—80

民族－社会偏见 prejudice, ethno-social 15, 72, 82

民族文化团体 ethno-cultural groups 1, 78

民族学方法 ethnographic methods 29

民族主义 nationalism 77, 79, 85, 122

模型 models 33—5, 40, 43, 66—7, 69

墨卡托投影 Mercator Projection 56, 73

墨西哥 Mexico 48, 51, 85, 104

N

南部地球 Global South 104—5

南非 South Africa 49, 60—64, 73, 92, 114

南美 South America 50, 112

南斯拉夫 Yugoslavia 54

尼泊尔 Nepal 55, 74—5, 98

尼克·哈雷 Halley, Nick 84—5

尼娜·蒙克 Munk, Nina 107

尼日利亚 Nigeria 1—2, 80

农村 rural 42, 59

农业 agriculture 1—3, 7, 9, 39, 47, 49—50, 74, 93—4, 98—9, 101—6, 133

女权主义地理学 feminist geography 27

　　也见性别 gender

O

欧盟 European Union 46, 113, 122

欧洲 Europe 4, 7, 18, 23, 25—6, 50—3, 56, 60, 79, 87, 103, 114, 133

P

批判性思维 critical thinking 8, 28, 36, 38, 51, 53—5, 57, 65, 79—81, 85, 104, 109, 126, 135, 137

皮尔斯·布莱基 Blaikie, Piers 98—9

Q

气候 climate 27, 32—5, 43, 73, 100

    变化 change 3, 32—5, 44, 92—4, 99—100, 105, 123

    格局 patterns 19

    怀疑论 skeptics 35

    模式 models 33—5

    谈判 negotiations 104—5

    系统 system 33, 92, 124

启蒙运动 Enlightenment 18

千禧村项目 Millennium Villages Project 107

迁移 migration

    移民 human 5, 11, 28, 32, 36—7, 41, 46, 82, 120, 124

    野生动物迁徙 wildlife 95

乔治市，南非 George, South Africa 60−4

侵蚀 erosion 37, 41, 98, 102

区域（地理学概念）regions, geographical concept 8, 13−15, 38, 73−85, 134−5

全球定位系统 Global Positioning Systems (GPS) 11, 57, 111, 125, 128−9

全球化 globalization 41−2, 71,

全球生产网络 global production networks 48−9, 104

R

人道主义援助 humanitarian aid 130

人道主义灾难 humanitarian disaster 3

人地关系；人与自然的关系 human-environment relations 5, 8, 11, 23, 72, 87−8, 90−109, 119

也见环境变化 environmental alteration

人口分布 population distribution 32, 35, 37, 42, 63

也见人口学 demography

人口学 demography 45, 54, 82, 133, 136

也见人口分布；人口增长 population distribution; population growth

人口增长 population growth 3, 6, 10, 104

也见人口学 demography

人类健康 health, human 10, 12, 43, 69, 74, 102, 105, 130

也见疾病 disease

人权 human rights 69, 114

人文主义 humanism 12, 27,

韧性 resilience 93, 115

S

撒哈拉以南非洲 Sub-Saharan Africa 7, 73, 85, 100, 104

萨赫勒 Sahel 4

塞缪尔·亨廷顿 Huntington, Samuel 83

森林 forests 15, 26, 35, 37, 45, 61, 65–6

山、山脉 mountains 71, 74, 120

商品链 commodity chains 47–8

社会经济不平等 inequalities, socio-economic 20, 55, 69, 86
　　也社会经济发展 development, socio-economic

社会经济发展 development, socio-economic 2, 43, 69–70, 74, 86, 106–7
　　也见社会经济不平等 inequality, socio-economic

社会经济发展 socio-economic development 2, 43, 69–70, 74, 86, 106–7

社会研究 social studies 22

社会政治权力 power, socio-political 5, 7, 25, 49, 77, 83, 101, 103, 115, 124

社区 neighborhoods 10, 36, 39, 52, 74, 77, 118, 136

身份 identity 65, 75, 77–80

绅士化 gentrification 15

生活方式 livelihood, modes of 71, 85

生态系统 ecosystem 1, 35, 91, 94, 96

生态学 ecology 2, 5, 26, 65, 70, 87, 91, 98-9

生态学家 ecologists 11-12, 91

生物地理学 biogeography 20, 133

生物多样性 biodiversity 91, 94, 104, 113

生物区 biophysical regions 81

生物物理变化 biophysical changes 124

生物物理过程 biophysical processes 36, 109

生物物理环境 biophysical environment 9, 49

　　也见自然环境 natural environment; physical environment

生物物理特征 biophysical traits 17, 93

生物学 biology 27

生物学家 biologists 12, 40, 127

实地考察 field trips 88, 118

实证主义 positivism 27

食品 food 1-3, 31, 37, 103, 116

水坝 dams 97

苏联 Soviet Union 24-5, 54, 57

T

唐纳德·特朗普 Trump, Donald 48, 127

唐人街（温哥华）Chinatown (Vancouver) 82

土地变化科学 Land Change Sciences 96

土地利用 land use 2, 50, 59, 76, 87, 99, 102, 119, 125, 136

土地所有制 land tenure 99

土耳其 Turkey 47, 49

土壤 soils 44, 65, 86, 98, 102

土壤协会 Soil Association 103

托马斯·弗里德曼 Friedman, Thomas 41–3

脱欧 Brexit 46–7

W

外包 outsourcing 103

网络 networks 48–9, 74, 104

威廉·莫斯利 Moseley, William 103

威尼斯，意大利 Venice, Italy 89

微软虚拟地球 Microsoft Virtual Earth 125

维基卫星地图 Wikimapia.org 130

位置的重要性 location, importance 4, 10, 12, 14, 17, 25, 31–2, 55, 77, 98, 103, 109, 120

温哥华，加拿大 Vancouver, Canada 82

文化背景 cultural context 45, 70, 89, 122

文化地理学 cultural geography 101, 111, 114, 116

文化认同 cultural identity 78−9, 83−4

文化特征 cultural traits 17, 85, 100

文化团体 cultural groups 1, 78−9

文明社会 civil society 112, 121, 124

乌克兰 Ukraine 78, 114−15

污染 pollution 3, 49, 65, 91, 94, 103−5

无地方性 placelessness 76−7, 101

西伯利亚 Siberia 43−4

西南亚 Southwest Asia 4, 7, 83−5

溪流 streams 10, 17, 37, 41, 50, 53, 64, 86, 97, 118, 128

 也见洪水 floods

消费 consumption 7, 50, 104, 133

性别 gender 27, 67, 69

 也见女权主义地理学 feminist geography

叙利亚 Syria 49

Y

亚伯拉罕·奥特利乌斯 Ortelius, Abraham 19

亚历山大·冯·洪堡 von Humboldt, Alexander 20

亚马孙河 Amazonia 69—70, 104, 113, 116

亚马孙河第三方倡议 Amazon Third Way Initiative 69

遥感 remote sensing 6, 43, 111, 119

野生动物 wildlife 28, 127

伊拉克 Iraq 49, 78, 83—4, 113

伊朗 Iran 49, 78, 83

伊曼努尔·康德 Kant, Immanuel 20—1

伊斯兰地理学家 Islamic geographers 18

伊斯兰教 Islam 2—3, 25, 73, 80, 83—4, 123

伊斯兰世界 Islamic World 82—5

移动地图 MapAction.org 130

移动性 mobility 58—9, 135—6

 也见运输 transportation

隐私 privacy 130—1

印度 India 53, 55, 73—5, 77, 93—4

英国 United Kingdom 22, 26, 32, 38, 41, 45—7, 52, 67—8, 75, 81, 103, 113, 128

营养不良 malnutrition 3, 6

永冻土 permafrost 43—4

犹太－基督教西方 Judeo-Christian West 83

渔场 fisheries 68—9

渔业 fishing 2, 46, 51, 68-9

语言 language 53, 73, 80, 87

原住民 indigenous people 51, 73, 78

约翰·奥洛夫林 O'Loughlin, John 100

约翰·斯诺 Snow, John 32

越南 Vietnam 48, 122

运输 transportation 39, 45, 48, 58-9, 69, 124, 133-6

Z

乍得湖 Lake Chad 1-8

政策 policy 24, 31, 48, 52, 97-8, 110-12, 114, 121-5, 135

政治边界 boundaries, political 1, 5, 10, 26, 42, 44, 49, 53, 55, 63

　　也见政治格局 patterns, political

政治生态学 political ecology 99-101

植被 vegetation 1, 6, 17, 20, 28, 33-4, 49, 65, 86, 91, 94, 118

植物 plants 17, 28, 118

殖民主义 colonialism 5, 7, 9, 18-19, 49, 79, 122, 124

自发地理信息 Volunteered Geographical Information (VGI) 125, 130

制度角色 institutions, role of 25, 74, 76, 93, 99

　　教育的 educational 21-2，也见 univees

　　经济的 economic 15

社会的 social 11

　　政治的 political 11, 20, 93

中东 Middle East 4, 83-5

中国 China 18, 48, 53-5, 73, 102-5, 123

中美洲 Central America 35, 104

中世纪 Middle Ages 18

中亚 Central Asia 47

种族 race 61-4, 81-2

种族冲突 ethnic conflict 5-6

种族格局 ethic patterns 14, 15, 25, 35, 37-8, 54, 80, 114-15, 136

种族隔离 apartheid 63-4

种族主义 racism 63-4, 81-5

资金流 financial flows 40

资源管理 resource management 6, 69, 94, 125

自然环境 natural environment 3-5, 16, 19, 28, 32-5, 39, 66, 87-109, 117, 121

　　也见生物物理环境；自然环境 biophysical environment; physical environment

自然环境 physical environment 1, 9, 20, 32, 40, 59, 69, 87, 100

　　也见生物物理环境；自然环境 biophysical environment; natural environment

自然－社会关系 nature-society relations 5, 8, 11, 23, 72, 87-109, 119

自然小课桌 nature tables 88

自然资源 resources, natural 9—10, 61

宗教 religion 73, 83—4

    也见基督教；伊斯兰教 Christianity; Islam

图片来源

彩图1，基于联合国环境规划署和DIVA-GIS数据。

彩图2，经许可转载：Matthew J. Kauffman, James E. Meacham, Alethea Y. Steingisser, William J. Rudd, and Emiliene Ostlind, *Wild Migrations: Atlas of Wyoming's Ungulates* (Corvallis, OR: Oregon State University Press, 2018), p. 139. © 2018 University of Wyoming and University of Oregon.

彩图3，改绘自：P. J. Bartlein, S. P. Harrison, and K. Izumi, "Underlying Causes of Eurasian Mid-Continental Aridity in Simulations of Mid-Holocene Climate," *Geophysical Research Letters*, 44:17 (2017): 9022.

彩图4，来源于：Alexander B. Murphy and Nancy Leeper for *Geographical Approaches to Democratization: A Report to the National Science Foundation* (printed by the University of Oregon Press for the Geography and Regional Science Program, National Science Foundation, 1995).

彩图5，改绘自：Kai Krause, The True Size of Africa (2010). 获取自：http://kai.sub.blue/en/africa.html

彩图6，经许可转载：K. O'Brien, R. Leichenko, U. Kelkar, H. Venema, G. Aandahl, H. Tompkins, A. Javed, S. Bhadwal, S. Barg, L. Nygaard, and J. West, "Mapping Vulnerability to Multiple Stressors: Climate Change and Globalization in India," *Global Environmental Change*, 14:4 (2004): 307.

彩图7，地图来源于：Derek Watkins, Andrew E. Kramer, Andrew Higgins. "Ukraine's Forces Escalate Attacks Against Protesters" (*New York Times International*, February 21), pp. A-1 and 11. 经许可转载，© New York Times.

图 1，经许可转载：National Research Council, *Rediscovering Geography: New Relevance for Science and Society* (Washington, DC: National Academies Press, 1997), p. 29.

图 2，改绘自：Kimberly Lanegran and David Lanegran, "South Africa's National Housing Subsidy Program and Apartheid's Urban Legacy," *Urban Geography*, 22:7 (2001): 678.